JUN 22 2009

S0-AGH-588

© Laura Silverman

JODYNE L. SPEYER es una evitadora en recuperación que vive y trabaja en Los Ángeles. Ha producido documentales para National Geographic y ha trabajado en programas de televisión tales como *Joe Millionaire, Shear Genius* y *The Supreme Court of Comedy*. Ha botado con todo éxito a cientos de personas, no todas ellas para provecho propio.

SP 818.602 SPE
Speyer, Jodyne.
Bótalos! : libérate de las
relaciones negativas y llena tu
vida con buenas amistades,
amor y salud /

PALM BEACH COUNTY
LIBRARY SYSTEM
3650 Summit Boulevard
West Palm Beach, FL 33406-4198

OCT 2 2 2009

¡BÓTALOS!

¡BÓTALOS!

Libérate de las relaciones negativas y llena tu vida con buenas amistades, amor y salud

JODYNE L. SPEYER

Traducción del inglés por Rosana Elizalde

rayo *Una rama de* HarperCollins*Publishers*

La información en este libro ha sido investigada cuidadosamente y todos los esfuerzos se han hecho para asegurar lo certero (o sea, hice más que simplemente navegar en la web. Fui a bibliotecas, hablé con profesionales e hice miles de llamadas telefónicas). El autor y la editorial no asumen ninguna responsabilidad por heridas, daños o pérdidas como resultado de seguir esta información. (Así que si se te cae el libro sobre el pie o alguien decide pegarte con él, mientras tienes toda mi compasión, estás solo en esa.) Toda información debería ser cuidadosamente estudiada y claramente comprendida antes de ponerla en acción basada en la información o consejos del libro.

¡BÓTALOS!. Copyright © 2009 por Jodyne L. Speyer. Traducción © 2009 por Rosana Elizalde. Todos los derechos reservados. Impreso en los Estados Unidos de América. Se prohíbe reproducir, almacenar o transmitir cualquier parte de este libro de manera alguna ni por ningún medio, sin previo permiso escrito, excepto en el caso de citas cortas para críticas. Para recibir información, diríjase a: HarperCollins Publishers, 10 East 53rd Street, New York, NY 10022.

Los libros de HarperCollins pueden ser adquiridos para uso educacional, comercial o promocional. Para recibir más información, diríjase a: Special Markets Department, HarperCollins Publishers, 10 East 53rd Street, New York, NY 10022.

Este libro fue publicado originalmente en inglés en el año 2009 por Harper-One, una rama de HarperCollins Publishers.

PRIMERA EDICIÓN RAYO, 2009

Diseño del libro por Jaime Putorti

Library of Congress ha catalogado la edición en inglés.

ISBN: 978-0-06-171256-2

09 10 11 12 13   ZTA/RRD   10 9 8 7 6 5 4 3 2 1

*"Algunos causan felicidad por donde quiera que vayan;
otros cuando se van".*

–Oscar Wilde

contenido

introducción

Si hubiera un premio para quien mejor evita la confrontación, me lo ganaría. Estoy segura de que muchos de ustedes piensan que podrían empatar conmigo, o me animaría a decir: "piensan que ¡me derrotarían!", pero lamento discrepar. Me he pasado horas –de acuerdo, meses– de mi vida ideando excusa tras excusa para escapar de toda clase de situaciones, desde una cita en la peluquería hasta un encuentro informal con amigos para tomar algo. ¿Cómo le dices a un amigo que has cometido un terrible error y que por favor te perdone... pero lo encuentras dolorosamente aburrido? Mi solución era evitar sus llamadas y rogar que dejara de llamar. Ahora puedo informar confidencialmente que eso casi nunca funciona.

Habiendo decidido que no quería ser esa persona nunca más, fui en busca de un libro que me enseñara cómo botar gente. Descubrí miles de libros sobre cómo terminar romances, pero ninguno sobre cómo dejar a las otras personas de nuestras vidas, muchas de las cuales vemos diariamente, tales como nuestros compañeros de trabajo, nuestros compañeros de departamento, o nuestros familiares. ¿Cómo romper con estas personas? ¿Quién me podría enseñar?

Comencé a hablar con amigos, mi familia, profesionales y otra gente que batallaba contra este mismísimo problema, y les pregunté: "¿Cómo lo hacen?". Compartieron conmigo horrorosas historias en las que desesperadamente querían botar a sus señoras de la limpieza, sus peluqueras y terapeutas; en consecuencia, me imploraron que escribiese este libro.

Entonces, ahí tenía toda esta información útil, pero no podía todavía superar la pregunta de "¿por qué yo?". A pesar de que soy escritora, no soy de ningún modo una experta en libros de consejos prácticos. Y entonces me di cuenta de que en su mayor parte, el sentimiento de temor que aparece cuando tenemos que botar a alguien es universal, y no tienes que ser médico para saber cuándo una relación no es saludable.

Tejiendo juntos historias personales, licencias poéticas, herramientas prácticas, guiones para que uses y entrevistas con verdaderos expertos, he tratado de darles a ustedes todas las herramientas que necesitarán para terminar cualquier mala relación que pudieran encontrar.

Estoy muy agradecida a toda la gente brillante a mi alrededor que me brindó su guía y consejo, incluyendo al entrenador favorito de todos Bob Harper de *The Biggest Loser*; al cómico Adam Carolla; al abogado de Michael Jackson, Thomas Mesereau; al huésped profesional Kato Kaelin; y a mi hermana Sarah Silverman, a quien le dije que si no colaboraba, la botaría.

¡BÓTALOS!

parte uno

APOYO QUE NO APOYA

uno

LA PELUQUERA

Indicios de que es hora de botar a tu peluquera

▸ Tu bata está cubierta de caspa... y no es tuya.

▸ Con cada tijeretazo, resopla como una tenista.

▸ Está detenida en los años ochenta. ¿Quién quiere una permanente?

▸ Cuando entras, su clienta anterior sale bañada en lágrimas.

▸ Entras para que te haga un recorte de flequillo y te vas con una ceja menos.

Arréglame el pelo hoy, vete mañana

Mientras estaba en la universidad, en la ciudad de New York, me hice cortar el cabello en una pequeña *boutique* moderna en el East Village. Mi peluquera Gina era una mujer sencilla de Staten Island, y eso era exactamente lo que me gustó de ella. A diferencia de una gran cantidad de otros estilistas anteriores –que simulaban escuchar mientras se complotaban (y lo conseguían) para darme el corte de cabello que ellos querían–, Gina realmente me escuchaba y me hacía el corte que le había pedido, lo que constituye la razón por la que me sentí devastada cuando me dijo que se estaba yendo a la India por seis meses en un viaje espiritual.

Pocos días después de su retorno del viaje, hice una cita para que me atendiese en su departamento. Se aproximaba mi graduación y quería tener un nuevo *look*. Subí corriendo la escalera de a dos escalones por vez, emocionada ante el corte de cabello que me llevaría hacia una nueva etapa en mi vida: mi carrera.

Cuando llegué a lo alto de la escalera, casi me asfixió la espesa nube de humo de incienso que invadió mis pulmones. El olor de *Nag Champa* me abrumó. Abriéndome paso por entre el humo con mi mano, empujé la puerta del frente de Gina y entré a lo que solo puedo describir como una especie de mazmorra medieval repleta de candelabros gigantes, enormes cruces, gárgolas lascivas y sábanas negras tendidas sobre grandes columnas góticas. Debería haberme dado vuelta y escapado en ese momento; el olor a incienso me hacía querer vomitar (ya lo había hecho, pero un poquito). Para no decir que lo godo me asusta. Estaba tan oscuro que apenas podía ver mis pies, y si yo no podía ver, ¿cómo podría Gina cortarme el cabello?

"¿Hola?", grité. Desde algún lugar en la oscuridad apareció Gina, cubierta completamente en *piercings*, su cabello en largas rastas y con un vestido negro, largo y suelto, al estilo Stevie Nicks. ¿Quién era esta mujer? Esta no era mi Gina de Staten Island, Coney Island tal vez. ¿Qué le habían enseñado exactamente en ese *ashram*? Ella se me acercó diciendo: "¡Jodyne! ¡Mi reina! ¡Por fin! ¡Te he esperado toda mi vida!".

Después empezó a cantar una canción de Mary J. Blige: "Mi vida. Mi vida. Mi vida. Al sol. Si miras mi vida, y ves lo que he visto". Aparentemente, la India había convertido a Gina en una hippie goda, una *gippie*. Pero eso, sin embargo, no explicaba por qué me estaba cantando Mary J. Blige. "¡Vamos, mamita!", me dijo al mismo tiempo que tomaba mi mano y me conducía a su pileta.

Todo mi plan de hablar con ella primero, examinar mi cabello –el estilo, el número de pulgadas y de capas–, todo eso se iba con el agua en esa pileta suya. Yo me había cerrado completamente. Para empeorar las cosas, tampoco podía ver, porque había cometido el error de llevar mis anteojos en lugar de mis lentes de contacto ese día. Gina me había quitado los anteojos y los había puesto sobre una de sus gárgolas atemorizantes. Yo sentía que estaba teniendo una experiencia extracorporal. La miraba cortar mi cabello, estaba totalmente entregada a una conversación, sin embargo no recuerdo nada de lo que dije. Lo que sí recuerdo es que ella decía cosas como: "Entiendo perfectamente. Sé tan bien qué hacer contigo. Oh, me encanta darle a la gente *looks* nuevos. ¡Te va a encantar!". Y después, otra canción de Mary J. Blige. "Ohhhh, dulzura. ¿No sabes que eres todo para mí? Ou oh, ho-ooh, dulzura".

Corramos la cinta rápido hacia delante veinte minutos. Ya no tengo puesta la bata y me estoy mirando en el espejo. Todo lo que podía ver era una nube borrosa de humo de incienso. Tomé mis anteojos desesperadamente, casi tirando la gárgola de la mesa (la que sospecho que era realmente un ataúd). "Bien, ¿qué piensas, diosa del rock?", preguntó Gina. En el espejo, mirándome fijamente, había una completa extraña. Yo ni siquiera podía hablar. Tuve que parpadear cinco veces para convencerme de que era yo. Era yo realmente; yo con un mújol en la cabeza. Eso era, un mújol... No podría haberme escapado del espejo más rápido.

Corrí por Prince Street a la velocidad de un rayo, apartando a la gente a empujones para llegar a casa lo más rápido posible. Es un pájaro, es un avión, es... ¿un mújol? Mientras corría dejando atrás una multitud de gente parada frente a Dean and Deluca, alguien gritó, "¡Ey, Joan Jett!". Y estoy completamente segura de que oí a alguien decir, "¡Mira, es Andrew Ridgeley!". Para aquellos que no conocen a Andrew Ridgeley, era la mitad del grupo musical Wham, junto con George Michael. También lucía un mújol.

Durante la próxima semana, me rehusé a salir. Cubrí todos los espejos en mi departamento y me senté a esperar como Siva, la diosa hindú de la destrucción y regeneración. Mis amigos pasaban por casa y ofrecían su pésame. Me sugirieron que volviera y le pidiese a Gina que arreglase mi cabello antes de la graduación. Pero, ¿cómo podía hacerlo? Esa mujer no era mi Gina; algo le había sucedido en la India. Llamé a mis padres y les dije que no viniesen para la graduación. Ese llamado no funcionó muy bien; tal como mi padre lo señaló, cuando los padres aportan los fondos para la educación ridículamente cara de sus hijos, les corresponde automáticamente el derecho a participar de la ceremonia de graduación. Tenía que ir, quisiera o no.

El día de la graduación, Gina dejó un mensaje en mi celular deseándome suerte y expresando su deseo de que la llamase para saber cuánto me gustaba mi nueva yo. Nunca le respondí el llamado. Le siguieron más llamadas; borré cada uno de los mensajes sin oírlos. Aparentemente, la nueva yo era una cobarde. Mi graduación fue salvada por mi santa madre; trajo consigo una colección de pañuelos, vestigios de sus días *Rhoda* de los años setenta. Yo no había sido nunca una chica pañuelo, pero éstos eran realmente especiales: todos *vintage*, todos fabulosos. Afortunadamente, el pañuelo fue un enorme éxito en la graduación; la gente no sólo me preguntaba dónde lo había comprado, sino que también quería sacarme fotos. Durante los próximos seis meses, que fue lo que me llevó dejarme crecer el cabello, fui un icono de la moda del centro de New York.

¿Y Gina? Nunca la volví a ver, pero pienso en ella cada vez que oigo una canción de Mary J. Blige o veo a alguien con un mújol.

Lo que aprendí

Debería haber respondido el llamado de Gina, o al menos haber atendido el teléfono cuando me llamaba. Ciertamente me hubiera hecho sentir mejor. Después de todos estos años, todavía me siento culpable por la forma en que la traté. Ella hizo un verdadero esfuerzo por mí ese día y yo salí corriendo, fuera de su departamento y fuera de su vida para siempre. Habíamos hablado sobre reunirnos a tomar algo de modo que me pudiese contar sobre su viaje, pero mi conducta infantil terminó con eso.

Una de las cosas más valiosas que aprendí mientras escribía este capítulo es cuán importante es estar preparada antes de ir a ver a tu peluquero, especialmente si estás yendo a uno nuevo. Desde recortar páginas de revistas hasta llevar fotos personales del estilo de corte de pelo que quieres, depende de ti comunicar lo que quieres a tu peluquero. Hablé con una mujer en Manhattan que detiene a mujeres en la calle y les pregunta si les molestaría que les saque una foto de su corte de cabello para mostrarle a su peluquera. Recuerda, tu idea de cómo luce el corte de cabello de una persona podría ser totalmente diferente de la idea que tiene tu peluquera. Pensando nuevamente en Gina, fui a su departamento sin nada en mis manos. Puse en las suyas todo el poder para cambiar mi *look* a solo días de mi graduación. Ese fue mi error.

Si bien es importante escuchar las sugerencias de tu peluquero sobre cortes de cabello, al final del día, tú eres la que lleva lo hecho, de modo que ¡hazte escuchar! Dile a tu peluquero qué clase de persona eres: ¿fresca, con mucho mantenimiento, conservadora, liberal, roquera? No dejes que él o ella adivinen. Una gran cantidad de gente con la que hablé para este capítulo, confesó que se sentían intimidadas por sus estilistas y terminaban aceptando cortes que odiaban. Cuando les pregunté si les decían algo a sus peluqueras, muy pocas dijeron que lo hubieran hecho. ¿La razón? Temían lastimar sus sentimientos. Pero tú estás pagando por el corte de cabello que quieres, no por el corte de cabello que ella quiere que tengas. Otras dijeron que les llevaba meses reservar una cita con la estilista nueva y de moda, de modo que no querían ofenderla. El mejor consejo que recibí mientras investigaba para este capítulo fue que muchos salones ofrecen consultas gratis. Esta es una forma maravillosa de descubrir si te gusta o no un peluquero potencial. Presta atención a si ella te presta atención a ti o no.

Asegúrate de que te haga las preguntas adecuadas, y asegúrate de contarle tanto como puedas sobre ti y tu cabello. Si no te gusta la vibra, no hagas una cita… o prepárate para salir con un mújol.

Prepárate bien

▶ Asegúrate de tener expectativas realistas de lo que se puede y no se puede hacer con tu cabello. Si no lo sabes, pregúntale a tu peluquero.

- Comienza por desconectarte emocionalmente de tu peluquero actual. Tu objetivo es transformar lentamente tu relación con él o ella en una menos personal y más profesional, de modo que botarlo sea más sencillo.

- Háblale claro a tu peluquero. Señala lo que no te gusta de tu pelo. Sé específica: ¿Odias el largo? ¿Te preocupa el color? ¿Te pierdes en las capas? Eso te ayudará a botarlo más adelante.

- Encuentra una nueva estilista. Detén a gente en la calle que tenga el estilo de cabello que te gusta. Mira revistas de belleza. Si necesitas ayuda, visita www.StylistMatch.com. El sitio web tiene un buscador que encuentra las peluquerías de tu zona que se especializan en tu tipo de cabello. Cuando es posible, también te proporciona fotos de los salones del área.

- Llama a los salones de tu ciudad y aprovecha las consultas gratis.

- Ensaya lo que le vas a decir a tu peluquera actual.

Cómo botarlos

Consejo: Para aquellas de ustedes que se han vuelto amigas de su peluquera, no la boten simplemente no apareciendo más. Puede parecer la forma de menos confrontación, pero puede conducir con mucha probabilidad a un encuentro fortuito de alta tensión cuando menos lo esperas: en el mercado, el centro de compras, tu restaurante favorito o el mostrador de la perfumería en Barneys. Eso me sucedió con mi vieja peluquera, que era totalmente impredecible con sus cortes. Allí estaba yo, sola y vulnerable, simplemente buscando un nuevo perfume, cuando ella me arrinconó y me exigió que le dijera por qué había dejado de ir a verla. Se sentía totalmente abandonada por mí y tenía miedo de que hubiera hecho algo mal. Me tomó completamente con la guardia baja y salí tartamudeando de la situación, pero yo quedé tan consternada que terminé evitando Barneys por un año. Si no te sientes lista para hablar honestamente con tu peluquera, al menos inventa una mentira piadosa de modo que ella no se sienta abandonada.

HABLA CON LA ESTILISTA

La gente —especialmente las mujeres— pasa una gran cantidad de tiempo en la peluquería. Un corte y hacerse el color puede tomar tres horas. Los peluqueros de mayor jerarquía les ofrecen a sus clientes cafecitos, vino, champán, *croissant*, etc. Es una buena sensación sentirse cuidado por alguien que no quiere más que hacerte lucir lo mejor que puedas. Me he sentido en estado de embriaguez al salir de algún salón; puede haber sido el alcohol, pero tranquila. Tener un par de manos profesionales esforzándose en hacer su magia y en transformarme en la persona más glamorosa que puedo ser, es realmente maravilloso. Pero todos los peluqueros atraviesan momentos de dureza, y algunos de ellos dejan que su vida personal afecte su trabajo. Si tú ya has preparado el terreno, has estado trabajando en desconectarte de tu peluquera; recuerda, botarla es una cuestión de negocios, no es un asunto personal.

PASOS

1. **Pasa a verla o llama a tu peluquera.**

2. **Déjale saber sobre tu descontento: "Esta es una conversación incómoda de tener".**

3. **Identifica las cuestiones que has estado viendo en tus cortes.** "Como sabes, no me ha encantado _____ durante estos últimos meses".

4. **Bótala:** "Hemos intentado una cantidad de cosas para hacer que funcione, pero de todos modos yo no estoy recibiendo los resultados que estaba esperando. Esto es difícil de decir, pero es hora de que explore mis opciones con otra peluquera".

5. **Deja que tu peluquera responda.** Algunas podrían permitir que su ego entre a jugar (¡no es tu problema!), otras podrían pedir otra oportunidad. Piénsalo dos veces. Si decides darle una posibilidad más, deja en claro que quieres decir un corte de cabello más, y punto. El mejor escenario sería que tu peluquera apoyara tu decisión. Podría sorprenderte cuántas peluqueras verían bien que te vayas. Las que más genuinamente quieren que estés feliz.

6. **Agradécele por todo.**

SILLAS MUSICALES EN EL SALÓN

Muchas de las personas a las que entrevisté para este capítulo tenían preguntas sobre cómo manejar la incomodidad que se siente cuando alguien quiere probar con otro estilista en el mismo salón en que se desempeña su actual estilista. Hablé con algunos profesionales y la mayoría estuvo de acuerdo en que la forma de manejar la situación es hacer la primera cita con el nuevo estilista el día libre de tu peluquero actual. Cuando te sientas en la silla de tu nuevo peluquero, di lo que piensas y hazle saber que ésta es una cita de prueba. Si el nuevo corte de cabello es un éxito, déjale una nota a tu antiguo peluquero en su puesto de trabajo diciéndole:

"Pasé por aquí y me arregló el pelo _____". Agradécele por todo y hazle saber que has decidido cambiar por este estilista. La próxima vez que veas a tu vieja peluquera, haz el intento de ir y reconocerla. No tiene que ser una gran cosa, simplemente un rápido saludo con la mano. El único segundo de incomodidad pasará rápido, haciendo que la transición al nuevo estilista sea mucho más fácil, y antes de que te des cuenta, el malestar habrá desaparecido.

1-800-FLOWERS.COM

¿Todavía no te sientes segura de cómo botar a tu peluquera? Envíale flores.

LO QUE PUEDES ESCRIBIR:

> *Querida _____,*
> *Gracias por tus maravillosos cortes de cabello durante todos estos años. He decidido llevar mi cabello a una nueva dirección. Quiero agradecerte por todo.*
>
> *Atentamente,*
> _____

EL REGALO QUE SIGUE REGALANDO

¿Todavía estás buscando una forma fácil de escaparte? Bota a tu peluquera diciéndole que te han regalado un generoso cupón para otro salón. Menciona un gran ascenso en el trabajo, un cumpleaños importante o un aniversario de boda.

Bonus: Esta opción te permite mantener la puerta del salón abierta en caso de que desearas volver en el futuro.

Si fuera necesario

MECHONES DE AMOR

¿Adivina quién se está dejando crecer el cabello? ¡Tú! Dile a tu peluquera que te has comprometido a donar tu cabello a Locks of Love (Mechones de Amor), una organización sin fines de lucro que brinda postizos a los chicos por debajo de los dieciocho que están sufriendo de pérdida de cabello por razones médicas. La extensión mínima de cabello que acepta es diez pulgadas. Otra opción es mencionar cuánto amas el cabello de Rapunzel o el de Fabio y que te gustaría tener cabello largo. Dile que has tomado la decisión de simplemente dejártelo crecer de una vez por todas. Si te ofrece recortártelo, hazle saber que sus precios son simplemente demasiado altos para lo que necesitas en este momento. Ella no debería esperar verte por años.

PIOJOS, PIOJOS, PIOJOS, SÍ

Dile a tu peluquera que te has pescado un caso complicado de pediculosis y has tenido que raparte tu cabello. La buena noticia es que a ti realmente te gusta cómo te queda y estás tratando de decidir si lo mantendrás así de corto o te lo dejarás crecer; cualquiera que sea el caso, no la verás por un tiempo.

Paul-Jean Jouwe

PROPIETARIO Y DISEÑADOR DE CABELLO
DEL SALÓN PAUL-JEAN EN BEVERLY HILLS

Estilista de imagen de cabello en Blush

P. *¿Cómo sabes que es hora de botar a tu peluquero?*
R. Cuando abres de repente ese viejo álbum de fotos de la secundaria y tu cabello todavía luce igual, ¡estás en problemas!

P. *¿Cómo botas a tu peluquero?*
R. ¿Sabes qué funciona para mí? Una tarjeta deseándome la mejor de las suertes en mi futuro y en mi carrera.

P. *¿Cuál es la mejor forma de decirle a tu peluquera que no te gusta el corte que te acaba de hacer?*
R. Primero de todo, no trates de usar la fórmula pasiva-agresiva diciendo: "Me gusta pero…". Sé honesta y directa. Nosotros estamos allí para hacerte feliz. Cuéntanos o trae una foto del corte que querías y muéstranos lo que te gusta en la foto que no ves en tu cabello. Sé firme, amable y ve al punto. Si el corte tiene menos de un mes, vuelve a tu estilista y pídele que lo vuelva a hacer.

P. *¿Qué debería hacer una persona si siente que su peluquero la está forzando a hacerse un determinado corte?*
R. Tú eres quien tiene que convivir con él, no ellos, de modo que ¡di lo que piensas! Prueba: "Estoy segura de que es un estilo maravilloso, pero tendrás que conseguir otra clienta para él, porque no es para mí". Algunos peluqueros toman ideas para hacer cortes de los desfiles de cortes de cabello y están demasiado ansiosos por probar esos cortes en sus clientas, de modo que sé cuidadosa.

P. *¿Cuál crees que es el error más grande que cometen los peluqueros con sus clientas?*

R. Ellos desestiman el gusto de sus clientas imponiendo el propio. Es de esperar que al menos tengan buen gusto, pero, de todos modos, tú quieres un estilista que te escuche. Otro error es cuando les hacen el mismo corte a todas.

P. *¿Cuál es el error más grande que las clientas cometen con sus peluqueros?*

R. Cuando los convierten en sus amigos. Tu estilista es tu "empleado" con beneficios. Es mucho mejor mantener las cosas ligeras. Está bien invitarlos a fiestas o eventos, pero mantén las cosas a una cierta distancia. Recuerda, los estilistas hablan. Muchos dicen que serán discretos, pero en el momento en que dejas su silla, todo está permitido, inclusive hablar con tus enemigos. De modo que ten cuidado de no descargar demasiada información, o de convertirlos en tu siquiatra.

P. *¿Qué debería hacer alguien que quiere probar con un nuevo estilista en el mismo salón que su presente estilista?*

R. La gente tiene que dejar de sentirse como si estuviera engañando a su estilista. Piénsalo de este modo: no es diferente al hecho de probar un nuevo restaurante. Yo haría una cita para el día en que mi estilista no está en el salón, y si justo te lo encuentras, sé amistosa, pero recuerda: no tienes que justificarte.

P. *¿Las rubias realmente se divierten más?*

R. Las rubias se divierten más, pero no lo saben hasta que ya es demasiado tarde y la diversión se acabó. Las morochas nunca dejan de divertirse; saben cómo transformarse con el tiempo y ser hermosas y elegantes al respecto.

Botalopedia

▶ La cantante Amy Winehouse botó a su peluquera e íntima amiga Alex Fodden, aparentemente como resultado de la presión ejercida por la compañía representante de artistas que la maneja para que se distanciara de las personas a las que se veía como una influencia negativa en su vida.

▶ ¿Cuántos cabellos tiene un cuero cabelludo promedio?
   A. 10.000
   B. 100.000
   C. 1.000.000

▶ Una cabeza de cabello rubio tiene más pelos que una de cabello rojo u oscuro.

▶ Danny DeVito trabajaba como peluquero en el salón de peluquería de su hermana.

▶ El tiempo de vida promedio de un cabello es de entre cuatro y siete años.

La respuesta es B: 100.000.

dos

LA MANICURA/DEPILADORA

Indicios de que es hora de botar a tu manicura/depiladora

▶ Depila tus dedos y pinta tu entrepierna.

▶ Entras para hacerte la manicura y te pregunta si quieres una "depilación completa".

▶ Tus cejas lucen como si acabaras de dejar una convención de *Star Trek*.

▶ Vas para que te depile las cejas y ella dice: "¿Qué hacemos hoy: solo la barba?".

▶ Pides una "tira de pelvis" y terminas con la forma de un trébol.

Arrancándola de tu vida

Hace algunos años, mientras hojeaba las páginas posteriores de la revista *New York*, tropecé con un aviso que decía: "¿Tus uñas necesitan ayuda? Voy para allá. Especialista en uñas privada disponible para grupos de ocho o más. Discreta". Una fiesta dedicada a las uñas sonaba como una excelente forma de pasar tiempo con amigos, de modo que hice la llamada.

Al día siguiente, salieron las invitaciones y mi primera fiesta dedicada a las uñas fue un éxito inmediato, tan grande que se convirtió en un evento mensual. Muchachos, muchachas, amigos, amigos de amigos, vinieron todos. Manicura, pedicura, arte en las uñas: lo que pidieses, Jenny, mi nueva especialista en uñas, lo hacía.

Aún mejor, además de ser maravillosa con las uñas, también daba consejos fantásticos. No pasó mucho tiempo antes de que Jenny se convirtiera en nuestra terapeuta, y lo próximo que registré es que en momentos de crisis vagaba por las calles de la ciudad de New York, preguntándome: "¿Qué me diría Jenny que hiciera en este momento?". Mi amiga Heather (que participaba de las fiestas dedicadas a las uñas) me confesó que había visitado a Jenny en su casa para pedirle algunas palabras de sabiduría sobre su novio.

A Jenny le encantaba. Nunca tenía lo suficiente de nosotros que íbamos a ella en busca de consejo; ese fue el problema. Estaba tan compenetrada en cumplir el rol del Dr. Phil que la sabiduría comenzó a fluir un poquito demasiado libre. A pesar de que su aviso afirmaba que era "discreta", la verdad era que ella era cualquier otra cosa menos discreta: ahora parloteaba sobre los asuntos íntimos de todos. Cuando un amigo vino con su nueva novia (que se hizo arreglar las uñas primero), Jenny espetó que él debería "Alejarse de ella. Tenía herpes". No sé si ella había cambiado su medicación o si era solo aburrimiento, pero de repente Jenny no tenía censura.

¿Y qué hay de mi amiga, la que la visitó en su casa para pedirle consejo sobre su novio? La tiró debajo de un ómnibus cuando Jenny le contó todo a su novio mientras arreglaba sus uñas. "Ella ya no te ama. Piénsalo dos veces". Otra amiga, Christina, le confió a Jenny el problema que estaba teniendo con los cambios de humor de su mejor amiga; Jenny después le chismoseó a esa amiga que Christina la había llamado "una real Jekyll viviente y esa otra mala petimetre".

Ay, como todas las cosas buenas deben llegar a un fin, del mismo modo sucedió con los días de gloria de las fiestas dedicadas a las uñas. La gente estaba tan encabronada con Jenny que dejaron de venir, y yo ya no pude satisfacer los requerimientos mínimos de Jenny. Iba a tener que botar a mi amada Jenny. Traté de hacer nuevos amigos de modo de no tener que botarla, pero el daño estaba hecho. Jenny metió la pata (eso sí, una con uñas finamente arregladas). Al final, fue responsable del rompimiento de dos romances, de dos distanciamientos de mejores amigas y de que una persona fuera despedida.

Lo que aprendí

No podrías pagarme lo suficiente para que me arreglen las uñas en un salón hoy, a menos que supiera, más allá de toda sombra de duda, que el lugar es completamente estéril. Este capítulo me abrió los ojos totalmente; ¿sabías que se ha informado que en los salones se transmiten herpes, hepatitis, hongos en las uñas, pérdida de uñas y (en raros casos) SIDA? Lo peor es que nadie parece estar prestando atención a este problema; entré a salón tras salón en New York y Los Ángeles mientras que investigaba para este capítulo y quedaba completamente atónita al ver cuántos de ellos no desinfectaban sus tinas o instrumentos. Desde salones baratos en cada esquina de New York hasta los *spa* de última generación, muy pocos realmente limpiaban sus instrumentos entre cliente y cliente, se lavaban sus manos o cambiaban sus guantes. Entré a un salón y vi sangre en los cortaúñas de la manicura.

La gente no presta atención, y los dueños de los salones lo saben. ¿Cuántas de ustedes conocen salones que tengan limas Dremel o espátulas insensibles escondidas en sus cajones? ¿Alguna prestó atención a la persona cuyos pies estuvieron sumergidos en la tina antes de los de ustedes, o a si la manicura o pedicurista limpió el cuenco o tina en la que introdujo sus manos y pies? Atemorizante, ¿verdad? Yo nunca le había prestado atención… hasta ahora. El *Boston Globe* informó hace poco tiempo que inspectores de salud de Massachusetts hicieron una recorrida tipo barrida en Newton, un rico suburbio de Boston, y descubrieron que el 42 por ciento de los 88 salones investigados violaba las regulaciones sanitarias del estado. Las violaciones más comunes eran las condiciones de falta de limpieza, las licencias vencidas y los empleados sin licencia.

Hoy me compré mi propio equipo para uñas. En realidad, compré cinco, para entregarles a mis amigas más íntimas para proteger sus uñas. Si alguna de mis amigas está leyendo esto en este momento y se pregunta por qué no recibió uno, no estabas en la ciudad.

Prepárate bien

▶ Para aquellas de ustedes que tengan citas regulares, llamen a vuestra manicura/depiladora y díganle que deje libre su turno para otras clientas.

▶ Encuentra una nueva manicura/depiladora. Si estás buscando sugerencias en tu zona, visita www.FindABeautySalon.com.

Puedes encontrar un salón en tu barrio, mirar fotos, leer comentarios y hacer preguntas a través de su sitio web.

▶ Si dejaste un equipo para uñas en tu salón, ve a buscarlo.

Cómo botarla

HABLA CON TU MANO

Que te arreglen las uñas o te quiten con cera el vello es una experiencia íntima. Las manicuras tienen entre las suyas tus manos y pies por cerca de una hora (si no más). Las depiladoras trabajan cerca de las partes más íntimas de tu cuerpo. Muchas de ustedes han mantenido citas semanales, lo que implica tiempo suficiente como para crear una relación personal. Mientras que para aquellas que no van a un salón en forma regular puede resultar fácil irse y no volver nunca más, no lo es tan fácil para las que viven en una pequeña ciudad en la que pueden encontrarse con ella casualmente en el barrio, o para otras que tienen citas programadas. En estos casos, una llamada telefónica o una visita rápida al salón para hacerle saber a tu manicura o depiladora que no volverás, está bien.

PASOS

1. **Llama a tu manicura/depiladora o pasa a verla en un momento que sepas que no está ocupada.**

2. **Comienza con un halago:** *"Gracias por estos _____ maravillosos años".*

3. **Bótala:** *"Pero con mis horarios enloquecedores, necesito ir a un salón más cerca de mi casa/trabajo".*

4. **Agradécele:** *"Gracias por todo. Voy a extrañar nuestras conversaciones".*

SE REQUIERE UNA LICENCIA

No hay licencia, no hay manicura. Asegúrate de que el salón que visitas tenga en exhibición una licencia de trabajo válida. Si dice 1986, estás en problemas.

Lo mismo cuenta para la especialista en uñas. ¡Asegúrate de mirar la foto de la licencia! Una vez fui a un salón de uñas y me arregló las uñas una mujer llamada May, pero cuando miré la licencia que colgaba en la pared detrás de ella, me di cuenta que el nombre y la foto eran de otra persona llamada Lynn. Le pregunté quién era Lynn, y ella me respondió: "¿Quién?". Después cayó en cuenta y dijo: "¡Yo! Esa soy yo". Nunca volví.

Dado que una gran cantidad de salones no son adecuadamente inspeccionados, corres el riesgo de contraer infecciones y enfermedades serias, tales como hepatitis A, B y C, hongos para uñas e incluso el virus del SIDA.

LO QUE PUEDES DECIR: *"He estado leyendo sobre todas las infecciones y enfermedades que andan dando vueltas y estoy realmente preocupada. Lo siento, pero es absolutamente necesario para mí ir a una manicura que tenga licencia y a un salón que sea inspeccionado regularmente".*

PREPÁRATE PARA QUE DIGA: *"Tengo una licencia. La debo de haber perdido".*

ÚLTIMAS PALABRAS: *"Lo siento: si no hay licencia, no hay manicura".*

CONTRATÉ A UNA NUEVA MANICURA/DEPILADORA. ¡¡¡YO!!!

Con más y más productos para arreglarse las uñas y para depilarse en los establecimientos locales que venden cosméticos, nunca ha sido más fácil que ahora llevar la experiencia de los salones a tu casa. Bota a tu manicura/depiladora diciéndole que hay una chica nueva en la cuadra: ¡Tú!

LO QUE PUEDES DECIR: *"He decidido empezar a arreglarme mis propias uñas. He descubierto que me ahorro tiempo y dinero. Gracias por todo".*

PREPÁRATE PARA QUE DIGA: *"Oh, no, no sabes cómo hacerlo. Es difícil hacerlo sola".*

ÚLTIMAS PALABRAS: *"Yo también pensé que no podría hacerlo, pero resulta que no sólo puedo hacerlo, sino que soy realmente buena".*

¡FIESTA DE UÑAS!

Las fiestas dedicadas a las uñas/la depilación son una forma maravillosa de socializar con amigas. Dile a tu manicura/depiladora que has decidido comenzar a tener esta clase de fiestas en tu casa.

Bonus: Esta opción te deja la puerta del salón abierta en caso de que quieras regresar en el futuro.

LO QUE PUEDES DECIR: *"He decidido comenzar a tener fiestas dedicadas a las uñas/a la depilación en mi casa ahora. Gracias por todo".*

PREPÁRATE PARA QUE DIGA: *"Yo tendría cuidado en tu lugar. La mayoría de estas personas que hacen fiestas de uñas no son profesionales".*

ÚLTIMAS PALABRAS: *"Si me meto en problemas, te lo haré saber"*.
LO QUE ESPERAS QUE ELLA NO DIGA: *"¡Qué divertido! ¿Puedo ir?"*.

ADIVINA QUIÉN SE ESTÁ POR QUITAR EL VELLO CON LÁSER

No hay mejor momento que el presente para sacarte de encima esos vellos indeseables de una vez y para siempre. Despide a tu depiladora diciéndole que has decidido sumarte a ese tren.

COMPLETAMENTE NATURAL

Entrar a un salón para uñas puede ser como entrar a un taller mecánico; usan muchos de los mismos químicos, solo que en menores cantidades. En realidad, muchos de los químicos en los esmaltes para uñas han sido asociados al cáncer y a los defectos de nacimiento. ¿No me crees? Consulta en la red y velo por ti misma. Para poner peor las cosas, la mayoría de los salones no tienen una ventilación adecuada, lo que significa que estás aspirando esos deliciosos químicos por tanto tiempo como permanezcas en el salón. Bota a tu manicura o depiladora diciéndole que te convertirás en naturista. Después hazte un favor y busca un salón que use productos naturales, orgánicos.

Si fuera necesario

¡SORPRESA! ¡ADIVINA QUIÉN ES UNA INSPECTORA SANITARIA!

Dile a tu manicura/depiladora que eres una inspectora sanitaria. Hazle saber que no tiene por qué preocuparse, que a pesar de que ella está violando una serie de códigos, tú no redactarás un informe siempre que ella se comprometa a arreglar algunas cosas. ¿No te gusta la pieza de arte manchada de humedad que cuelga de la pared? ¡Agrégalo a tu lista!

BOTALOPEDIA

▶ Paula Abdul botó a su manicura cuando un arreglo mal hecho le costó la uña del dedo pulgar.

▶ De acuerdo al *Guinness Book of World Records*, Lee Redmond, de la ciudad de Salt Lake, tiene el récord de las uñas más largas: 24 pies y 7,8 pulgadas. No se las ha cortado desde 1979.

▶ La primera Mrs. Marlyn Manson y la bailarina burlesca más celebrada del mundo, Dita von Teese, son hijas de manicuras.

▶ Kristina Preston fue recompensada con $3,1 millones de dólares por haber contraído herpes de una manicura en un salón que usaba instrumentos no esterilizados en Aurora, Colorado.

▶ Se cree que los antiguos turcos fueron los primeros en usar un proceso químico para remover el vello no deseado. El menjunje "rusma" combina sulfuro amarillo de arsénico, cal viva y agua de rosa.

tres

EL ENTRENADOR

Indicios de que es hora de botar a tu entrenador

▶ Cuando te está marcando una posición, la ceniza de su cigarrillo cae sobre tu cara.

▶ Tiene un nuevo plan de trabajo: se llama ayudándolo a mudarse.

▶ Tú vas al baño y él se ofrece a marcarte la posición.

▶ Está tan ocupado mirándose en el espejo que tropieza contigo.

▶ Cada cinco minutos grita "¡Buen juego!", y te da una palmada en el trasero.

Con gran dolor, no hay ganancia

A las semanas de conseguir un lugar donde vivir en Los Ángeles, recibí por correo una invitación personal de un gimnasio de la zona: una oferta especial de membresía de "Bienvenida al barrio". Fui a encontrarme con el entrenador para mi clase de obsequio. El deseo de los dueños del gimnasio era que a mí me encantara tanto el entrenador, que corriera a contratar más sesiones de entrenamiento, pero yo sabía demasiado como para dejarme embaucar en esa clase de chanchullo. Yo era de New York, después de todo.

Me registré en el escritorio de entrada, me senté y comencé a mirar todos los cuerpos perfectos entrenándose. Y cuando digo perfectos, quiero decir cero grasa corporal. El gimnasio se veía como salido de la portada de la revista *Fitness*: hombres con los músculos tensados, levantando pesas y sacando músculos mientras que mujeres perfectamente esculpidas, con poquito más que una toallita cubriendo sus partes, corrían en cintas. Empecé a sentirme ansiosa e intimidada, tanto que decidí salir corriendo. Apoyé bien mis talones, giré y me llevé por delante a Anthony, el entrenador que me habían asignado, que estaba parado frente a mí, con su brazo extendido, listo para presentarse. Anthony tenía una cara agradable y un apretón de manos delicado. Dándose cuenta de que yo estaba a punto de huir, me aseguró que todo iba a estar muy bien, y yo le creí.

Resultó que ese primer día Anthony sabía exactamente cuánto exigirme sin hacer que me sintiera molesta con él. Estaba presente y dedicado y no charlaba mucho, lo que constituye algo que realmente valoro en un entrenador. Yo necesito concentración y dedicación. Él tenía un entusiasmo natural respecto a hacer ejercicios que me inspiraba. En quince minutos, y por primera vez, me descubrí realmente disfrutando del ejercicio.

Cuando mi hora se acabó, me sentí como si hubiese perdido cinco libras y crecido un pie de altura. Con las endorfinas resultantes del ejercicio bien altas, yo quería una sola cosa y solo eso: que Anthony fuera mi entrenador. Dándose cuenta de mi entusiasmo, Anthony sacó mágicamente un contrato de su bolsillo de atrás y lo puso delante de mí. "¡Ey, Jodyne! Felicitaciones, chica. Lo hiciste. ¡Estás en camino! Ahora, si firmaras aquí, podríamos empezar mañana mismo". Arranqué esa lapicera de su mano y garabateé mi John Hancock sin ni siquiera leer una sola línea del contrato: tanto para la hastiada neoyorkina.

Media hora después, las endorfinas apaciguadas, miré mi contrato y descubrí que había firmado por veinte sesiones de entrenamiento con Anthony con cero descuento. Generalmente, cuando firmas por una serie de clases pagadas por anticipado, te ofrecen algún tipo de descuento respecto del precio de una clase sola; no a mí. Allí estaban en el contrato las palabras SIN DESCUENTO. Retomé la calma después de mi pobre decisión, convenciéndome de que Anthony valdría cada centavo.

Cuando llegué para nuestra próxima clase, Anthony parecía estar a un millón de millas de distancia. Estaba totalmente desconcentrado. Mi una vez presente y comprometido entrenador estaba ahora más interesado en su teléfono celular, en mandar mensajes de texto a sus amigos, y en cualquier otra persona del gimnasio que no fuera yo, mis abdominales o mis glúteos. Yo estaba confundida. Este no era el mismo hombre que me había inspirado, me había entusiasmado con hacer ejercicio nuevamente; este era un entrenador cansado, aburrido que ya no quería entrenar más. Rogué que estuviera teniendo un mal día, algo que todos podemos tener de vez en cuando, de modo que dejé que pasara. Pero me encontré con el mismo Anthony la próxima clase y la clase que le siguió. Además la charla: Anthony y su contrato para modelar, Anthony y su nueva novia explosiva, Anthony y su lucha por cambiar la raya de su cabello.

Traté de no compenetrarme en la conversación, esperando que hablase menos, pero no funcionó. Revisaba todos mis movimientos pero sin entusiasmo ni interés. Yo era muy buena para contar mis repeticiones, pero un par de veces perdí la cuenta y le pregunté a él cuántas más tenía que hacer, me respondió con una pregunta. "¿Cuatro?".

Ir al gimnasio se volvió menos y menos emocionante. Todavía tenía algunas clases pagas para tomar con Anthony, pero la idea de escuchar su parloteo me hacía sentir cansada y con menos ganas de ir. Dejé de responder sus llamadas, impidiéndole fijar nuestro próximo encuentro. Dado que mi contrato con el entrenador había sido pagado directamente al gimnasio, Anthony solo recibía su pago cuando yo aparecía, de modo que estaba dedicando activamente todos sus esfuerzos para lograr que yo apareciera. Ojalá hubiera puesto una pizca de esa energía en nuestros ejercicios.

Pedí en el mostrador de entrada que me dijeran cuáles eran los días libres de Anthony, y entrené cuando no estaba en el gimnasio. Eso funcionó hasta que su horario cambió. Un día, Anthony me acorraló mientras yo estaba en la cinta de correr. "¿Está todo bien?", preguntó.

"Seguro, lo siento… simplemente he estado súper ocupada, eso es todo". Era mentira, pero no iba a botarlo mientras estaba en la cinta de correr. Para no mencionar que me había sorprendido con la guardia completamente baja.

"¿Estás segura? He visto en la computadora que has estado viniendo en mis días libres". ¡Descubierta! Detuve mi cinta de correr, respiré profundo y lo miré a los ojos. Ahí estaba mi oportunidad de decirle la verdad, de sacar todo a la luz. Podía hacerlo.

"Sí, seguro. No hay ningún problema. Ningún problema para nada. Está todo bien entre nosotros". Lo palmeé suavemente en el hombro y me fui a casa. Esa fue la última vez que puse un pie en ese gimnasio.

Lo que aprendí

La primera vez que fui a un gimnasio en New York, le pedí al gerente que me asignara un entrenador que él considerara que estaría bien para mí. Finalmente me asignó un entrenador con base de danza que no podía haber sido peor para mí; me tenía todo el tiempo aplaudiendo y haciendo el viñedo. Todavía me muero de vergüenza de sólo pensarlo, porque si me conoces en algo, sabes que no soy el tipo de chica que anime las coreografías. Me quitaba tanto entusiasmo que dejé de ir totalmente al gimnasio. Como es obvio, no me fue mucho mejor en el gimnasio al que fui en Los Ángeles, de modo que después de esa experiencia decidí dejar de gastar dinero y nunca más volví a ir a un gimnasio. Estaba decidido... hasta que haciendo investigación para este capítulo, aprendí cuán importante es ser una misma la que toma el control de su experiencia en el gimnasio en lugar de dejarlo en manos de algún entrenador al azar que muy probablemente te sea asignado por un gerente del gimnasio que tiene sus propias prioridades. Después de escribir este capítulo, fui a un nuevo gimnasio, entrevisté a tres entrenadores y repasé mis objetivos de entrenamiento con cada uno de ellos, preguntándoles sobre sus estilos de entrenamiento individuales y su experiencia. Dejé en claro que con cualquiera de ellos que eligiera, me comprometería a solo unas pocas sesiones antes de decidirme. Entrevistarlos me puso al volante de la situación.

Estoy complacida de informar que encontré al entrenador adecuado para mí. Le hago preguntas constantemente, le pido que me preste atención si veo que sus ojos vagan por ahí. No le dejo pasar nada. Ahora que pienso en ello, espero que no esté pensando en botarme él a mí.

Prepárate bien

▶ Sé clara al expresar qué te gusta y qué no respecto de un entrenador.

▶ Si no lo has hecho todavía, repasa tus objetivos de entrenamiento con él. ¿Quieres perder peso?, ¿incrementar tus músculos?, ¿tonificar? Dile a tu entrenador lo que quieres y cuándo lo quieres.

▶ Programa controles una vez cada dos semanas o una vez al mes. Usa un par de minutos para evaluar tus objetivos y el programa de entrenamiento, asegurándote de que los dos estén en la misma página. Esta es tu oportunidad de decirle qué cosa está funcionando para ti y qué cosas no. También es una forma de hacerle ver que si las cosas no mejoran, vas a buscar un nuevo entrenador.

▶ Ten otro entrenador en vista. ¿Necesitas ayuda? Visita la National Strength and Conditioning Association (Asociación Nacional de Fuerza y Preparación Física) en www.NCSA-lift.org o www.AceFitness.org y busca un listado de entrenadores personales certificados en tu zona.

Cosas que tu entrenador no debería hacer

1. Insistir en que consumas vitaminas y suplementos: Consulta a tu médico primero.

2. Forzarte a comprar los batidos, los sustitutos de alimentos, u otros suplementos que se vendan en tu gimnasio: El aumento

de precio es abusivo y muchos gimnasios les ofrecen a los entrenadores una comisión sobre lo que vendan.

3. Forzarte a hacer cualquier cosa que tú sientas que no está bien para ti: Cada cuerpo es diferente, y no se debería forzar ningún cuerpo o manipularlo para que haga algo que no sienta cómodo.

4. Diagnosticar una lesión: Tu entrenador debería saber más sobre tu cuerpo que lo que tú sabes, pero no es médico. Deja los diagnósticos a los profesionales.

5. Pensar que tú eres su terapeuta o su mejor amiga: Si encuentras que tu entrenador te pide consejos o te descubres a ti misma ofreciéndolos, es hora de dar un paso atrás. No te quedes atrapada en el rol de cuidar a tu entrenador.

Cómo botarlo

NO ES LO QUE ESPERABA

¿No estás consiguiendo los resultados que esperabas? ¿Te sientes culpable de tener que botar a tu entrenador? Hay posibilidades de que si dejas la culpa, pierdas las libras. Si estás comiendo una dieta saludable, la única persona que debería sentirse culpable es tu entrenador; tú le estás pagando buena cantidad de dinero, de modo que puedas ver la diferencia. El problema es que a muchas personas se les asigna el entrenador incorrecto. Algunos entrenadores trabajan mejor con clientes que quieren aumentar sus músculos, mientras que otros obtienen resultados con clientes que quieren perder peso. Algunos están entrenados en artes marciales, otros en deportes. Hay entrenadores a quienes les encanta hablar mucho, mientras que otros prefieren hablar lo mínimo indispensable. Hablé con un muchacho, para este capítulo, a quien el encargado de su gimnasio le había asignado un entrenador que lo cubría de insultos para exigirle más. Lo único que le hacía querer hacer era mandar al diablo al entrenador. No cualquier entrenador va a ser la opción adecuada, de modo que es tu trabajo el de expresar lo que quieres.

PASOS

1. **Llama a tu entrenador o pasa a verlo por el gimnasio.**

2. **Comienza con un halago o con algo positivo.** *"Quiero agradecerte por los ejercicios que hemos hecho juntos. Tienes un estilo de entrenamiento de ritmo rápido y emocionante".*

3. **Dile por qué estás botándolo.** *"De todos modos, he decidido que me gustaría probar con algunos otros entrenadores para poder comparar los estilos de entrenamiento. Es importante para mí encontrar el entrenador adecuado para poder conseguir los mejores resultados".* **Para aquellas de ustedes que se han vuelto amigotas de su entrenador, prueben con:** *"Pienso que eres genial y espero que continuemos viéndonos para andar fuera del gimnasio, pero me doy cuenta de que he dejado de exigirme tanto desde que hemos estado saliendo. Necesito empezar a hacer ejercicios con otro entrenador, alguien con quien tenga menos en común, de modo que pueda volver a mis carriles. Lo siento".*

4. **Deja que él te responda. Si te dice que puede cambiar su estilo para que te venga mejor, dile:** *"Aprecio eso y te ase-*

guro que te tendré en mente; de todos modos, todavía quiero probar con otras opciones".

5. **Agradécele:** *"Gracias por comprender".*

CONFLICTO DE HORARIOS

¿Estás buscando algo que exija un poquito menos de confrontación? Bota a tu entrenador averiguando qué días tiene libres y luego haz una cita con otro entrenador en esos días. Si te gusta más el nuevo entrenador, hazle saber a tu viejo entrenador que tus horarios han cambiado y que el único día que es posible para ti es el día que él tiene libre. Si él se ofrece a venir en su día libre, dile: "Aprecio tanto el ofrecimiento, pero sucede que me conecté realmente con este otro entrenador, así que voy a trabajar con él por un tiempo".

ENTRENADOR VIRTUAL

Ahorra dinero botando a tu entrenador físico y optando por uno virtual. Hacer ejercicios con un entrenador *online* te permite entrenar a tu propio ritmo. Con sitios web tales como www.Live-Healthier.com, nunca ha sido más fácil diseñar un programa individual que se adecue a tus necesidades. Live Healthier ofrece programas hechos a la medida de cada persona, además de acceso ilimitado durante las veinticuatro horas del día a entrenadores personales, enfermeros, entrenadores de vida, nutricionistas registrados y terapeutas físicos. Los clientes tienen la opción de llamar, chatear en vivo, mandar correos electrónicos y acceder a videoconferencias. Los usuarios de iPod, visiten www.PodFitness. com y descarguen rutinas que usan su propia música. Incluso la Xbox 360 y la Nintendo Wii tienen programas de entrenamiento diseñados para que te pongas en forma.

LO QUE PUEDES DECIR: *"Con mi agenda enloquecida en este momento, puedo tomarme un mínimo de tiempo para mis ejercicios a horarios extraños. Un entrenador virtual es mi única alternativa ahora. Gracias por todo".*

PREPÁRATE PARA QUE ÉL DIGA: *"Esos programas son horribles. No te muestran lo que estás haciendo mal".*

ÚLTIMAS PALABRAS: *"Afortunadamente me has dado una base firme y por lo tanto, en gran parte, sé lo que estoy haciendo".*

TRABAJO SUCIO

No es un trabajo divertido pero alguien tiene que hacerlo, de modo que ¿por qué no dejar que sea el gerente del gimnasio? Ve a verlo y pídele que te asigne un nuevo entrenador. Recuerda, es su trabajo lograr que tú sigas yendo al gimnasio y comprando más clases de entrenamiento, de modo que él estará interesado en saber qué cosas no funcionaron bien con tu entrenador. Habla con él acerca de cómo planea explicarle a tu actual entrenador que tú ya no serás más su cliente. Pídele que le diga al entrenador que fue su propia idea asignarte una persona diferente. Tu próximo paso es no tratar de evitar ver a tu viejo entrenador en el gimnasio. Asegúrate de sonreírle o decirle hola con la mano. No tienes que acercarte y tener una conversación; solo tienes que reconocerlo. Si él te enfrenta y te pregunta si hizo algo mal, menciona informalmente que lo hablaste con el gerente y entre los dos decidieron que un nuevo entrenador funcionaría mejor para ti. Recuerda, no es tu responsabilidad cuidar los sentimientos del entrenador. Si quiere sentirse herido, déjalo. Tú tienes que hacer lo que sea mejor para ti, no para tu entrenador.

LOS OPUESTOS SE ATRAEN

Bota a tu entrenador diciéndole que prefieres trabajar con un entrenador del sexo opuesto, solo asegúrate de tener preparado otro entrenador del género apropiado. Discúlpate y déjale saber que no te diste cuenta inicialmente que tenías una preferencia: Mi entrenador actual me ha puesto en algunas máquinas que me han dejado en una posición que si no me sintiera completamente cómoda con él, hubiera experimentado una terrible incomodidad.

LO QUE PUEDES DECIR: *"He decidido que me sentiría más cómoda trabajando con una entrenadora femenina. No es nada personal; solo me di cuenta de que hay algunas máquinas con las que no me siento totalmente cómoda. Gracias por comprender".*

PREPÁRATE PARA QUE ÉL DIGA: *"Oh, por favor. Soy totalmente inofensivo y tengo una pareja".*

ÚLTIMAS PALABRAS: *"Estoy segura de que lo eres; es solo algo que necesito hacer por mí misma. Gracias nuevamente".*

Si fuera necesario

EL MAYOR PERDEDOR

Dile a tu entrenador que has sido elegida para estar en un programa de pérdida de peso. Hazle saber que te proveerán un entrenador por al menos los próximos seis meses, ¡y dile cuán emocionada estás! ¡Vas a ser famosa! Agradécele por el trabajo duro que ha hecho contigo y comienza a cantar las primeras líneas de "Hooray for Hollywood".

P. *¿Cómo le dices a tu entrenador que no te gusta?*

R. Tendría que decir que la mejor política es la honestidad. A veces la gente no es compatible, y el entrenamiento personal, al ser tan "personal", si tú y tu entrenador simplemente no están congeniando, entonces ninguno se beneficiará y definitivamente no conseguirás los resultados que estás buscando. Y por los que estás pagando. Simplemente te sientas con él y le explicas que esta relación de trabajo no es una "relación perfecta", y que tú seguirás tu camino. Existen posibilidades de que él o ella ya hayan percibido este sentimiento que estás experimentando y solo estén esperando que hagas esa movida. Recuerda: no le estás diciendo a tu muy próximamente ex entrenador que tiene cáncer, simplemente le estás diciendo que no quieres verlo más. No es tan grave.

P. *¿Cómo sabes cuando a tu entrenador no le gustas tanto?*

R. Si tu entrenador siempre llega tarde y entra caminando con un café con leche helado, él pudo ir a Starbucks a comprar su bebida sabiendo que tenía una cita contigo, y simplemente no le importó. Si tu entrenador manda mensajes de texto durante tu clase o atiende las llamadas que entran durante tu "serie"; si no tiene un plan o rutina real establecido para tu entrenamiento; si apenas te escucha y, principalmente, si mira el reloj y termina un par de minutos antes y dice: "Has estado trabajando tan bien que hoy que te dejo ir temprano". Sí, correcto, no tiene interés en ti.

P. *¿Qué preguntas debería hacerle alguien a un entrenador antes de decidir trabajar con él?*

R. Definitivamente querrás ver alguna especie de currículum y una lista de clientes. Yo también pediría referencias para poder hacer mi propia investigación. Asegúrate de que el entrenador que estás pensando contratar esté bien versado en el tipo de cuerpo que te estás esforzando por conseguir.

P. *¿Qué les dices a las clientas que se preocupan más por no defraudar al entrenador que por no defraudarse a sí mismas?*

R. Tienes que recordarles a tus clientas que las clases deberían estar SIEMPRE orientadas a satisfacer sus necesidades y a lo que ellas están tratando de conseguir. Siempre digo que yo soy el mensajero cuando estoy trabajando con alguien. Hay que mantener el foco y la dirección puestos sobre el cliente. Se trata de levantarlo a él, no a las expectativas del entrenador.

P. *¿Cuál es la mejor forma en que una persona puede asegurarse el éxito en un programa de entrenamiento?*

R. La mejor forma de asegurar el éxito es dedicarle tiempo y esfuerzo. Tienes que darte cuenta de que trabajar con un entrenador no es como ir a un salón de peluquería. Cuando vas al salón de peluquería, obtienes resultados inmediatos, pero con el entrenamiento personal debes plantar la semilla y luego regar y alimentar la planta, y después, finalmente comienza a crecer y puedes ver los frutos de tu trabajo, con el tiempo. Recuerda que estás haciendo algo por ti a largo plazo. No hay arreglo rápido real.

P. *¿Cuál es el modo adecuado para pedirle a un entrenador que mantenga sus ojos en ti y no en el cuerpo atractivo que acaba de pasar?*

R. Bien, todos somos humanos, y a menos que tengas más bien una relación personal con tu entrenador (lo cual es una cuestión totalmente diferente), no hay problema en que él mire un cuerpo que admire cuando pasa a su lado. Es una historia totalmente diferente si eso interfiere en la atención y el tiempo por el que tú estás pagando. Tu clase debería ser TODA para ti.

P. *¿Cuáles son los errores más comunes que los entrenadores cometen con sus clientas?*

R. Pienso que el error más común se comete cuando se convierten en amigos de sus clientas. Siempre he encontrado que, hablando en forma general, deberías mantener una distancia profesional con tus clientes y ahorrarte el problema de discusiones amistosas y situaciones incómodas. Siempre ten presente que esta es la profesión del entrenador, y en el marco mayor no quieres perder un cliente.

P. *¿Cuál es el error más grande que la gente comete con sus entrenadores?*

R. El mismo que mencioné recién. Muchas veces –y comprensiblemente –quieres acercarte a tu entrenador porque pasas mucho tiempo con él y él ve tus partes más vulnerables con todas tus imperfecciones. Pero recuerda, tú estás pagando por un servicio y, personalmente, deberías mantener tu distancia.

P. *¿Cómo le pides a un entrenador que parlotee menos y se concentre más?*

R. No hay nada peor que un entrenador que habla y habla sobre lo que hizo la noche anterior o lo que hará el próximo fin de semana. Tú deberías cortarlo de raíz desde el principio y no dejar que se te vaya de las manos, porque si sucede, será más difícil tener esa conversación. Pero si empiezas desde el mismo comienzo a decir que realmente no quieres tener mucha cháchara durante tus ejercicios, el entrenador debería darse por aludido y soportarlo. De todos modos, si él no comprende esa insinuación, sé directa y díselo. Realmente no es un asunto muy importante, y él podrá concentrarse mejor en lo que necesita hacer contigo, finalmente: en hacer aquello por lo que tú le estás pagando.

P. *¿Por qué algunos muchachos usan jeans y botas en el gimnasio?*
R. Eso es algo que me deja perplejo aun a mí mismo. Nunca he comprendido por qué algunos muchachos hacen eso. Tal vez piensan que tiene onda, pero yo no lo comprendo para nada. Habiendo vivido en Los Ángeles por muchos años y trabajado en gimnasios, he visto eso siempre y me vuelve loco. ¡Está a la altura de llevar puestas ojotas en el gimnasio! Odio ver eso también. Estás en un gimnasio para entrenar, no para llevar puesta tu ropa de calle tratando de todos los modos posibles de lucir como un canchero. Yo recomiendo usar un equipo de entrenar en el gimnasio con ropa diseñada para entrenar. Después, cuando es hora de salir, ponte los jeans y las botas.

Botalopedia

▶ Madonna botó a su entrenador Carlos León, y después tuvo un bebé con él.

▶ De acuerdo con el American Sports Data Inc., más de 6 millones de adultos americanos tienen un entrenador personal.

▶ ¿Sabías que la industria del entrenamiento no está regulada y que cualquiera puede llamarse a sí mismo entrenador? Asegúrate de buscar las letras "CPT" (Certified Personal Trainer: Entrenador Personal Certificado) al lado del nombre del entrenador; esto significa que es un entrenador personal certificado.

▶ ¿Cuál es el mes en que más comúnmente se contrata a un entrenador?
A. Enero
B. Abril
C. Diciembre

La respuesta es A: Enero.

cuatro

EL TERAPEUTA

Indicios de que es hora de botar a tu terapeuta

▶ Espías y ves que está haciendo un crucigrama en lugar de tomar notas sobre lo que estás diciendo.

▶ Te dice que dejes de llorar.

▶ Tú le dices que deje de llorar.

▶ Atiende llamadas personales durante la sesión y lo oyes decir: "No puedo hablar ahora; estoy en el medio de mi sesión con el oso chiflado. Sí. Ese mismo".

▶ Te entrega un volante invitándote a venir a verlo actuar en la noche de improvisación en un bar.

Tenemos que hablar

Cuando recién me mudé a Los Ángeles, decidí probar con un terapeuta que una íntima amiga me había recomendado. Me aclaró que Marcy practicaba un estilo especial de terapia. Decidí probar, mayormente porque mi amiga había obtenido resultados sorprendentes con ella.

La primera vez que fui a su consultorio, estaba nerviosa y entusiasmada. Me pasé toda la sesión contándole la historia de mi vida y discutiendo sobre los temas sobre los que quería trabajar durante el tiempo que estuviéramos juntas. De todos modos, mi sesión fue interrumpida abruptamente en el mismo instante en que oyó que yo estaba en el negocio del entretenimiento. Salió como catapultada de su sillón La-Z.Boy, corrió hacia una caja de cintas de audio, sacó una y la puso en su estéreo. "¿Te molestaría escuchar esto?", me dijo, casi sin aire. "Es la voz de mi hijo Frankie, la voz en *off* en cinta de demostración. Es realmente talentoso, y me encantaría recibir algún comentario profesional". Le recordé que yo era solo una escritora y no sabía absolutamente nada sobre voces en *off*, pero era demasiado tarde; la música instrumental de mala calidad había comenzado. Durante los próximos once minutos y veinte segundos padecí lo que sonaba como Peter Brady en el episodio de *The Brady Bunch* en el que perdía su voz el día anterior al día en que él y sus hermanos debían aparecer en televisión y cantar *Time to Change*, solo que aquí no había hermanos ni hermanas ayudando a Frankie en su cinta de demostración. Sobrepuesta, la orgullosa mamá Marcy saltaba sobre el diván como Tom Cruise en *Oprah*.

Cuando la dura prueba pasó, Marcy me miró y gritó: "¿Bien? ¿Qué piensas?". Mentí, por supuesto.

"Oh, ¡es fantástico! ¡Qué voz!", le dije. Después, en lugar de decirle lo incómodo e inapropiado que era para mí todo eso, comencé a garabatear la cita para la próxima semana en mi agenda.

"Ella es simplemente un poquito extrovertida", me dijo la amiga que me había presentado a Marcy. "Sigue adelante con ella. Vale la pena".

A lo cual yo quería decir: "¡Tú sigue adelante!". Pero, dado que yo era la experta en evitar situaciones, seguí yendo, demasiado temerosa como para botarla. Durante las semanas siguientes –como mérito de Marcy– aprendí cómo comunicarme efectivamente con la gente en forma tal de no culparla o juzgarla, pero era incapaz de practicar mis nuevas habilidades con ella. Marcy continuó ignorando mis límites y yo dejé que eso continuara, hasta que llegué a un punto de quiebre. En una sesión, Marcy se tomó la libertad de compartir conmigo información privada sobre mis amigos que estaban todavía consultándola, hablando sobre cuáles eran sus temas personales y cuáles eran sus propios temas con ellos. ¡Demasiado!

Durante los próximos días, ensayé lo que le diría. Mientras manejaba para mi última cita, mis manos transpiraban tanto que resbalaban del volante. Sabía lo que tenía que hacer. Atravesaría esa puerta suya e inmediatamente le espetaría que yo estaba agotada con la terapia. Desafortunadamente, entré a una habitación vacía. Marcy estaba en la cocina haciendo alguna especie de jugo batido con trigo. Entró a la habitación entusiasmadísima. "Oh, aquí estás. Bien. Entonces hay otro de mis pacientes –que justamente resulta ser mi paciente favorito– y yo realmente pienso que ustedes, muchachos, realmente congeniarían. Tienen tanto en común. Le di a él tu número". Yo estaba muda. ¿Me está arreglando una cita amorosa? ¿Esto está sucediendo? ¿Y ella acaba de referirse a él como su paciente favorito?

¿Qué era yo: hígado picado? No es que yo quisiera ser su paciente favorita, pero de todos modos dolía. Mi plan había sido abortado. No solo no la boté, sino que fui a la cita.

Kevin era absolutamente adorable, y ella tenía razón, teníamos muchísimo en común. Desafortunadamente, dado que la atracción es una cosa tan complicada, no estuvo por allí. Ahora, además de tener que botar a Marcy, también tenía que romperle el corazón cuando le dijera que su paciente favorito no estaría encaminándose al altar pronto, al menos no conmigo. La pregunta era si romper con ella primero, o contarle sobre Kevin primero; elegí a Kevin, pensando que sería una transición más fácil. Chico, me equivoqué. Entré y la encontré a Marcy al borde de su asiento, con un gesto de disgusto enorme en su rostro. Ugh. Respiré profundo, la miré directo a los ojos, y de la forma más amable posible le dije cuán increíble pensaba que era Kevin y cuán emocionada estaba de haberlo conocido y que esperaba que fuéramos amigos, pero que no me gustaba de un modo romántico. La mirada en su cara después de que lo dije era atemorizante. La mujer lucía como si tuviese un SHIV en su mano y estuviera a punto de arrojármelo. Estaba devastada. Su cara se puso de algún tono rojizo que yo nunca había visto antes. Después abrió su boca y comenzó a gritar: "Bien, me gustaría decirte algo, Jodyne, y probablemente te duela". A lo cual yo levanté mi mano, esperando detenerla, pero era demasiado tarde, las palabras estaban saliendo de su boca: "¡Los dos son un siete!". Y allí estaba yo. Mi terapeuta le había puesto un puntaje a mi atractivo en una escala de uno a diez.

Me puse roja como una remolacha. Y para rematar todo, todavía no podía botarla. Quedé helada. Pero eso no la detuvo y terminó conmigo. Marcy estaba tan enojada conmigo por haber rechazado a Kevin que me botó en ese mismo momento, diciéndome que no podía trabajar más conmigo.

Lo que aprendí

Continué viendo a Marcy por mucho tiempo después de haberme dado cuenta de que no era apropiada para mí. Ojalá hubiese expresado lo que pensaba y dicho algo durante nuestra primera sesión, en el momento en que saltó de su asiento y corrió hacia su estéreo. Pero en lugar de decir algo, perdí mi voz. Escribir este capítulo me enseñó cuán importante es confiar en tu cuerpo y escuchar lo que él tiene para decir. Yo estaba terriblemente incómoda en esa sesión, retorciéndome de incomodidad en el diván. Esa era mi pista para expresar lo que pensaba y decir algo. Misión fallida, pero lección aprendida.

Hablé con una mujer en Boston que tenía tanto temor de botar a su terapeuta que empezó a consultar a un segundo terapeuta para que la ayudara a terminar con la primera. Gastó miles de dólares antes de despertarse un día y darse cuenta de que se había olvidado por qué estaba en terapia en primer lugar. Mucha gente sigue viendo a su terapeuta mucho después de que sus temas fueron resueltos, porque tiene miedo de lastimar los sentimientos de su terapeuta. Cuando pregunté si sabían cómo terminar con su terapeuta, muy pocos de ellos tenían idea. Pienso que este es uno de los errores más grandes que cometen los terapeutas con sus pacientes: si ellos se han preparado para manejar el tema de la terminación, ¿qué tal si nos dan al resto de nosotros el beneficio de su experiencia? Después de todo, la última vez que lo controlé, no había guías que explicaran cómo dejar a un terapeuta. De modo que la próxima vez que vaya a un terapeuta, le voy a preguntar cómo prefiere que maneje la terminación desde el mismísimo principio, antes siquiera de poner un pie más allá de la puerta.

Prepárate bien

▶ Escribe cuáles fueron las razones para ir a terapia en un principio. ¿Has resuelto esos temas?

▶ Haz una lista de las razones de por qué quieres botar a tu terapeuta.

▶ Repasa la lista y asegúrate de que estás tratando de romper con él por las razones correctas. Por ejemplo, sentirse atemorizada y vulnerable es una sensación normal en terapia, y generalmente señala los momentos en que estás más abierta a la curación. Si has compartido un evento importante de tu vida con tu terapeuta y tu instinto es huir, díselo. Esta podría ser la oportunidad perfecta para trabajar un tema importante.

▶ Haz controles. Habla sobre un límite de tiempo y pregúntale cuántas sesiones más anticipa tener contigo. Solo asegúrate de que tu deseo entre en la ecuación, dado que tienes mucho control sobre el hecho de si se está produciendo algún progreso en tu terapia o no.

▶ Pregúntale a tu terapeuta cómo prefiere manejar la finalización. Hazlo tan pronto como sea posible, preferiblemente antes de estar lista para botarlo.

▶ Ten en mente a otro terapeuta si todavía necesitas uno. Si no sabes adónde ir, visita www.PsychologyToday.com y www.GoodTherapy.org para obtener mayor información y encontrar uno en tu zona.

▶ Ensaya lo que vas a decir por anticipado. ¿Quieres compartir tus razones con él? ¿O prefieres no hacerlo?

▶ Haz que sea tu prioridad dejar las cosas en un buen tono.

Cómo botarlo

TODAVÍA NO HE ENCONTRADO LO QUE ESTOY BUSCANDO

La conexión inmediata con un terapeuta es importante sin importar cuánto te lo hayan recomendado; fíjate en mí. Yo supe en la primera sesión que mi terapeuta no era la adecuada para mí, pero continué consultándola porque mi amiga había tenido un gran éxito con ella. Pero todos somos diferentes y lo que funciona para una persona no necesariamente funciona para otra. Si has ido a un terapeuta una cierta cantidad de veces y no estás haciendo conexión con él, a menos que quieras seguir gastando tu dinero, ¡bótalo! En la terapia se trata de derribar paredes, no de esconderse tras ellas. Si no estás sintiendo una conexión con tu terapeuta o el tipo de terapia que practica, el proceso se vuelve difícil, sino imposible.

LO QUE PUEDES DECIR: *"Lo siento, estaba deseando una conexión más fuerte con este tipo de terapia. Dado que no la encuentro, voy a seguir buscando. Gracias por su tiempo".*

PREPÁRATE PARA QUE DIGA: *"Tal vez tengamos que mirar la razón por la que te sientes de ese modo. Es natural querer salir corriendo. Exploremos tu necesidad de irte durante los próximos meses".*

ÚLTIMAS PALABRAS: *"Lo siento, esto no es lo que busco. Necesito confiar en mis instintos".*

DÉMOSLO POR EMPATADO

¿Cuándo fue la última vez que oíste sobre un terapeuta que se haya dirigido a su paciente y le haya dicho.: "¡Felicitaciones!, estás lista? Ahora, ¡adelante, sal de aquí!". Estoy segura de que la respuesta es nunca. Esto significa que es tu decisión decirle a tu terapeuta cuándo sientes que has terminado. Cualquier tema que aparezca vinculado a la terminación, háblalo con tu terapeuta. Él es la mejor persona con quien trabajarlo. La ansiedad, el abandono y el rechazo son todos sentimientos comunes. Tener sentimientos sobre la partida no significa que no estés lista para dejar de ir, solo significa que los temas que con frecuencia aparecen cuando una relación significativa está llegando al final han sido disparados. Son reacciones normales.

Consejo: La mayoría de los terapeutas con los que hablé sugirieron que deberías darle a tu terapeuta al menos dos sesiones para redondear todo y permitir un cierre apropiado.

PASOS

1. **Comienza la sesión diciéndole a tu terapeuta que deseas terminar.** *"Después de haberle dado a esto una consideración cuidadosa, he decidido que estoy lista para terminar".*

2. **Anuncia cuándo será tu última sesión.** *"La próxima semana será nuestra última sesión".*

3. **Déjalo responder: Si te pregunta por qué has decidido terminar, responde si lo deseas, pero mantén en mente que la decisión es tuya. Si tú realmente no quieres hablar sobre tus razones, no lo hagas.**

4. **Si él te pide que lo reconsideres, sé firme.** *"Lo he pensado mucho, y esta es mi decisión final".* **A veces, un terapeuta podría pedir sesiones adicionales para terminar de trabajar con un tema. Considéralo cuidadosamente; no tienes que decidirte en ese mismo instante. En todos los**

casos también puedes decir: *"Lo pensaré, pero a menos que cambie mi decisión, la próxima semana será la última sesión".*

5. Agradécele.

ES HORA DE CAMBIAR

Con tantos tipos de terapia por todos lados, puede resultar difícil saber cuál es la correcta para ti. Invierte un poco de tiempo y averigua el tipo de terapia que satisfaga tus necesidades. Después dile a tu terapeuta que has decidido consultar a alguien que se especializa en ella.

LO QUE PUEDES DECIR: *"Gracias por todo el trabajo que hemos hecho juntos. Recientemente he estado leyendo sobre un tipo de terapia llamada EMDR (por sus siglas en inglés,* Eye Movement Desensitization Reprocessing; *en español sería reprocesamiento de la desensibilización del movimiento). Ha estado resonando realmente en mí, y por lo tanto he decidido empezar a consultar a un terapeuta que practica este estilo de orientación. Hoy será mi última sesión".*

PREPÁRATE PARA QUE DIGA: *"¿Estás segura de que no estás tratando de escapar al trabajo difícil que hemos empezado juntos? Pienso que si te quedaras un poquito más, podríamos realmente llegar al fondo de esto".*

ÚLTIMAS PALABRAS: *"Agradezco tu apreciación, pero ya he tomado una decisión".*

ENTRENADOR DE VIDA

Los entrenadores de vida son parte de una tendencia en crecimiento estos días. Mientras que la terapia tradicional se concentra en la curación de las heridas emocionales del pasado, los entrenadores de vida se concentran en los resultados al llevar al máximo exponente el potencial de sus pacientes, tanto en el nivel personal como en el de su carrera. La International Coach Federation (Federación Internacional de Entrenadores) es la organización de entrenamiento personal y de negocios más grande en todo el mundo, y afirma tener más de trece mil miembros en todo el orbe. Visita su sitio web en www.coachfederation.org y encuentra un entrenador de vida.

LO QUE PUEDES DECIR: *"Muchas gracias por toda tu ayuda. He decidido hacer un impasse con la terapia en este momento y consultar a un entrenador de vida".*

PREPÁRATE PARA QUE TE DIGA: *"Los entrenadores de vida no tienen una preparación formal. Creo que deberías reconsiderarlo".*

ÚLTIMAS PALABRAS: *"Lo tendré presente, pero por ahora eso es lo que he decidido hacer".*

CORTO DE EFECTIVO

La terapia no es barata, especialmente cuando tu seguro de salud no la cubre. Si el dinero es un tema, bota a tu terapeuta diciéndole que necesitas hacer un recorte en tus gastos y comenzarás por la terapia. Si se ofrece a reducir sus honorarios o ponerte a cuenta, recházalo amablemente.

Consejo: Antes de elegir un terapeuta, llama o habla con algunos proveedores diferentes y habla sobre sus estilos para saber con quién te sientes cómoda.

Si fuera necesario

¡ENCONTRÉ A DIOS!

Dile a tu terapeuta que has tenido un reciente despertar espiritual y has descubierto las alegrías de una iglesia o una sinagoga. Esta nueva forma de vida te ha dado toda la paz interior y felicidad que siempre has deseado, de modo que de ahora en adelante tu sacerdote o rabino te brindará todos los consejos que necesitas.

Marlene Basch

**PSICÓLOGA CLÍNICA LICENCIADA Y
PSICOTERAPEUTA CORPORAL EN LOS ÁNGELES.**

Su sitio web es www.TransformationTherapy.com

P. *¿Por qué es tan difícil para la gente botar a su terapeuta?*

R. Una vez que la gente ha desarrollado una relación con alguien, a menudo es duro terminarla, especialmente con alguien que puede ser considerado una figura de autoridad (tal como un terapeuta). Muchas personas ponen a sus terapeutas en una posición de poder y les cuesta hacer lo que piensan que es mejor para ellos mismos, especialmente si sienten que su terapeuta podría protestar o no estar de acuerdo con su decisión. Los temas de la niñez a menudo aparecen con los terapeutas. También es común para la gente tratar a su terapeuta como a un padre y por lo tanto le resultará difícil actuar de forma independiente si ese fue un tema en su niñez.

P. *¿Por qué los terapeutas no hablan sobre la terminación desde el mismo comienzo con sus pacientes, facilitándoles de ese modo el momento cuando este llegue?*

R. Si los terapeutas hablaran sobre la terminación al comienzo, muchas personas tendrían dificultades para sentirse seguras y cómodas, y se concentrarían más bien en el fin de la relación. Generalmente, la mayoría de los terapeutas y los pacientes no saben cuánto durará la relación. Aprender a tolerar lo desconocido y a manejar las situaciones a medida que aparezcan –tales como la terminación– es a menudo uno de los beneficios de la terapia. La terapia da a los pacientes la posibilidad de poner en práctica los cambios que han hecho. De todos modos, cuando un paciente viene por algo específico y por un tiempo corto, puede charlarse sobre cómo tomar la decisión de terminar la terapia y sobre cómo puede hacerse.

P. *¿Cuál es uno de los mayores errores que los terapeutas cometen con sus pacientes?*

R. Uno de los mayores errores que cometen los terapeutas es involucrarse o apegarse emocionalmente a las consecuencias de lo que hacen sus pacientes. En otras palabras, aunque los buenos terapeutas se preocupan por sus pacientes, tienen que mantener sus límites para que su sentido de bienestar o sensación de si son o no buenos terapeuta no esté basado en lo que sus pacientes decidan hacer con sus vidas. Los terapeutas pueden guiar a los pacientes ayudándolos a comprenderse a sí mismos y mostrarles alternativas. En última instancia, los pacientes son responsables de sus vidas, y sus decisiones son propias, no un reflejo del terapeuta.

P. *¿Cuál es un error común que la gente comete con sus terapeutas?*

R. Un error común que la gente comete con su terapeuta es darle la responsabilidad de sus vidas. Muchas veces los pacientes van al terapeuta buscando las respuestas mágicas que solucionen sus problemas y le dan al terapeuta demasiado poder. Los pacientes son responsables de las decisiones que toman y de la forma en que llevan adelante sus vidas. Los terapeutas pueden ofrecer guía, percepciones diferentes y alternar enfoques, pero los pacientes tienen la decisión final de cómo ponerlo en acción. Los pacientes con frecuencia cometen el error de hacer lo que piensan que el terapeuta quiere que hagan, en lugar de lo que sienten que es bueno para ellos.

P. *¿Qué consejo puedes ofrecerle a alguien que teme lastimar los sentimientos del terapeuta?*

R. No es responsabilidad del paciente cuidar los sentimientos del terapeuta. Los pacientes pagan al terapeuta por su servicio y por lo tanto el terapeuta es responsable de sus propios sentimientos. De todos modos, es importante ser respetuoso y considerado, como lo serías con cualquier relación. Esto significa ser honesto con la forma en que te sientes y avisar por anticipado que estás listo para partir. Dar tiempo para procesar el fin de la relación es importante para ambas partes. Es importante asegurarse de que te gusta el terapeuta, que comprendes su metodología y que tienes claras tus expectativas. Para tener una relación terapéutica que funcione bien es esencial que tomes la responsabilidad de expresar lo que piensas tan pronto como sientas que las cosas no están yendo en la dirección correcta, de modo que puedas evitar una mala ruptura.

P. *¿Puede alguien dejar atrás a su terapeuta?*

R. Sí, la gente puede dejar atrás a su terapeuta. Cada persona comienza la terapia en un determinado lugar. Con el tiempo, a medida que creces y cambias, es posible alcanzar un punto en el que has aprendido todo lo que puedes de tu terapeuta y te puedes beneficiar de una técnica diferente o de una nueva perspectiva.

P. *¿Cuáles son los indicios de que es momento de botar a tu terapeuta?*

R. A veces los pacientes sienten que han completado su terapia, pero no saben cómo decírselo a sus terapeutas. Otras veces se dan cuenta de que su terapia ya no es útil o productiva, y quieren cambiar de terapeuta. También hay casos en que los pacientes se dan cuenta de que realmente no les gusta su terapeuta, o de que este los ha ofendido de algún modo.

P. *¿Cómo debería una persona terminar con su terapeuta?*

R. Reconocer ante ti mismo que estás listo para terminar con tu terapeuta y ser muy claro acerca de las razones. Escribe en tu diario sobre cómo te sientes respecto de hacer esto. Espera un día o dos y revisa lo que has escrito. Sigue escribiendo acerca de esto hasta que sientas que has expresado todos tus sentimientos, tanto positivos como negativos, acerca del cambio. Deja que todo se asiente por un día y después míralo de nuevo.

Luego, ensaya lo que realmente le dirás a tu terapeuta en tu diario y/o con tus amigos. Después avísale, dejándole saber un par de sesiones antes del momento en que quieres finalizar la relación, que tú estás listo para terminar. Esto te dará tiempo para atravesar el proceso de terminación, en el cual puedes revisar tu progreso y hablar sobre tus objetivos futuros. Debes prepararte para hablar sobre tu decisión y procesar tus sentimientos. Tu terapeuta puede señalar cómo tu deseo de terminar la terapia se relaciona con temas sobre los que han estado trabajando.

Si has atravesado este proceso y estás seguro de que estás tomando la decisión correcta de partir, aun si tu terapeuta no está de acuerdo, finaliza la terapia en el momento de tu elección.

P. *¿Quién es tu terapeuta televisivo o del cine favorito?*

R. Judd Hirsch en *Ordinary People* hace un trabajo sobresaliente con un joven traumatizado y su familia, pero mi terapeuta favorito de siempre es Richard Dreyfus en *What about Bob*. Me parece que esa película es para desternillarse de risa.

BOTALOPEDIA

▸ La Dra. Melfi botó a Tony Soprano en *Los Sopranos* después de leer un estudio que decía que la terapia no ayuda a los sociópatas, simplemente los habilita.

▸ De acuerdo a www.FunFacts.com.au, Sigmund Freud tenía un miedo mortal al número sesenta y dos.

▸ El National Institute for Mental Health (Instituto Nacional de Salud Mental) informa que los desórdenes por ansiedad son la enfermedad mental más común en los Estados Unidos, y afectan a 40 millones de adultos desde los 18 años en adelante, o 18,1 por ciento de la población de los Estados Unidos.

▸ La terapia de risa es un tipo de terapia que usa el humor para mejorar el bienestar emocional y facilitar la mejoría de la salud. Resulta que los niveles de hormonas neuroendocrinas y de hormonas relacionadas con el estrés de nuestros cuerpos decrecen en episodios de risa.

▸ De acuerdo al National Institute for Mental Health (Instituto Nacional de Salud Mental), los desórdenes vinculados al pánico afectan a 6 millones de personas (2,7 por ciento de la población). Las mujeres tienen dos veces más posibilidades de ser afectadas que los hombres.

parte dos
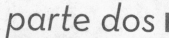

GENTE PEGAJOSA, SITUACIONES PEGAJOSAS

cinco

EL VECINO

Indicios de que es hora de botar a tu vecino

▶ El número de gatos callejeros que alimenta crece a cada hora.

▶ Estaciona su casa rodante frente a tu casa y la alquila.

▶ Está al tanto de la actualidad… después de robar tu periódico.

▶ Viene a tu casa todas las mañanas y te pide prestado un omelet, preferentemente uno con hongos y queso.

▶ Los domingos hace rueda de tambores en el patio del frente.

Cuando no quieres a tu vecino

Vivo en un *chateau* histórico de Hollywood de 1930 en Los Ángeles, en el que cada departamento tiene carácter: cerámicos de *art deco* originales, instalaciones de iluminación, y terminaciones de moldura. La mayor desventaja es que las paredes son delgadas como el papel. Al principio no era un gran problema porque tenía vecinos silenciosos, que cuidaban unos de otros sin sobrepasar los límites personales de nadie. Pero después, un día, mi adorable vecino se mudó y vino Sharon, una joven "estudiante" de la universidad. Pongo "estudiante" entre comillas porque ella era, en realidad, cualquier otra cosa pero no una estudiante. Cuando le pregunté a qué universidad iba, me miró intensamente a los ojos por veinte segundos antes de decir, "Oh, mmm, ¿universidad? ¿CU?", respondió a mi pregunta con otra pregunta.

"¿La Universidad de California?", le pregunté, sabiendo que era la universidad ficticia en el *show* televisivo *Beverly Hills 90210*.

"¡Sí!", me dijo con gran alivio y se retiró luciendo su atuendo de firma de autor: *shorts* muy cortos blancos, tacos altos plateados y una camiseta sin mangas súper ajustada. El color de la camiseta puede haber cambiado, pero el atuendo siempre seguía siendo el mismo, aun en invierno.

Desde el mismo instante en que Sharon se mudó, llegaba una fuerte corriente de ruidos desde su departamento. La ventana de mi dormitorio, que yo amaba mantener abierta para que entrase aire, tuvo que ser cerrada a toda hora para poder escapar de su constante parloteo. En un corto período de tiempo, oí sobre su amor por el esmalte de uñas Wet n´ Wild así como también si ella creía o no en la existencia de los unicornios; fue y vino sobre ese asunto durante algún tiempo. Sharon también estaba obsesionada con el ejercicio, algo que le encantaba hacer con la puerta del frente abierta, afirmando que lo hacía para que entrase aire, pero si alguien quería mirar, estaba bien también. Dividía sus ejercicios entre su *Suzanne Somers's Thighmaster* y su máquina de rebote rosa intenso. También tenía una rutina de baile con "Whirly Girl" de Oxo, llevada a cabo sobre su cama elástica, con sus manos aplaudiendo en forma enloquecida y sus rodillas rebotando alto.

Sharon también tenía una forma peculiar de responder a toda pregunta con un "Bien, yo soy de Lancaster", como si eso calificara de algún modo cualquier cosa que estuviera por decir. Para aquellos de ustedes que no conocen Lancaster está a aproximadamente una hora al norte de Los Ángeles, y es una de las mayores capitales de alcohol de quemar cristal del mundo. Si le pedía que por favor cerrase su puerta del frente, respondía con un "¡Lo siento, soy de Lancaster!".

Los problemas experimentaron una escalada cuando Sharon empezó a salir tarde y volver en horas de la madrugada, algo que su perro no disfrutaba y le hacía saber a todo el vecindario aullando toda la noche. Y con toda la noche, quiero decir *toda* la noche. La gente gritaba vulgaridades a través de sus ventanas para hacer que el perro se callara, pero él se rehusaba. Mis vecinos y yo le dejábamos notas en su puerta, pero Sharon las ignoraba y hacía algún comentario sobre Lancaster. Parecía que ninguna parte de Sharon podía registrar que ninguno de nosotros podía pegar un ojo de noche. Tampoco entendió el mensaje cuando los vecinos de al lado comenzaron a arrojarle huevos a su ventana, los que siempre se las arreglaban para golpear a mi ventana contigua también. Ella se quejaba de que la escuela seguía hasta muy tarde, pero yo nunca vi un libro en sus manos o una mochila en sus hombros. Traté de solucionar el problema ofreciéndole amablemente sacar a caminar a su perro si ella iba a estar en "clase" hasta tarde, pero ella dijo que no sería necesario.

Mi próximo paso fue lograr que el edificio firmara una petición pidiéndole que mantuviese a su perro en silencio. Yo esperaba que el propietario hiciera algo con esto, pero cuando le entregué la petición, se rehusó a tomarla de mi mano, dejando en cambio que cayera al suelo. Decidí hacerla pasar por debajo de la puerta de Sharon, esperando que la tomara seriamente. No lo hizo.

Los agentes de policía lo tomaron un poquito más seriamente cuando llamamos para informar sobre el ruido, y empezaron a aparecer en la puerta de Sharon a todas horas de la noche. Una semana más tarde, la sociedad humanitaria local llegó con el propietario y rescataron al perro de Sharon. Sharon lloró durante días. Traté de ser tan comprensiva como pude, pero es difícil mostrar compasión cuando estás funcionando con tres horas de sueño por noche.

Algunos días más tarde, llegué a casa cuando Sharon estaba poniendo las últimas de sus cajas en un camión de larga distancia. "Me vuelvo a Lancaster", dijo. Cuando le pregunté por la universidad, me miró sin comprender y me dijo: "¿Qué universidad? Soy una artista de *striptease*. Puedo hacer eso en cualquier lado. ¡Pero al menos en Lancaster la gente no te tira huevos a la ventana ni te roba el perro!". Después cerró la puerta con un golpe y se dirigió al norte.

Lo que aprendí

A través de los años, he tenido la mala suerte de vivir al lado de dos chicas del *college* que escuchaban a Pat Benatar a todo volumen a todas horas de la noche, un vecino en el piso de arriba que levantaba pesas a las 6 de la mañana, dejándolas caer y sobresaltándome en mi sueño, y un vecino de abajo borracho que gritaba karaoke hasta el amanecer. Seguro, me quejaba con cualquiera que me oyera –mis amigos, mi familia, mi dormitorio vacío–, pero Dios me libre de realmente levantar el teléfono o golpear alguna puerta. Simplemente no había forma de que pudiera hacerlo.

Lo que aprendí mientras estaba escribiendo este capítulo es cuán importante es darle a tu vecino el beneficio de la duda. Todos tenemos diferentes ideas de cuánto ruido es aceptable, y la única forma en que podemos llegar a un límite mutuamente acordado es enfrentando el tema en persona, algo que nunca hice con Sharon. Asumir que tu vecino sabrá mágicamente que está haciendo ruido muy alto, es irrealista. Lo más probable es que Sharon haya sentido que nos confabulábamos contra ella. Nunca traté de hablar con ella en persona, de explicarle que su perro no me dejaba dormir y que podía oír sus conversaciones palabra por palabra cuando su ventana estaba abierta. ¿Significa esto que voy a empezar a golpear a la puerta cada vez que un vecino ponga a todo volumen la televisión? Probablemente no, pero daré pequeños pasos, como mencionarlo cuando lo vea en el pasillo. Al menos ahora sé que hay leyes en la ciudad que cubren los detalles de cuáles son los niveles de ruido legales. Pensándolo dos veces, tal vez esté lista para golpear a la puerta de mi vecino. El camino a lo largo del pasillo comienza con un primer paso.

Prepárate bien

▶ Las situaciones con los vecinos no mejoran hasta que haces algo.

▶ Considera la posibilidad de que tu vecino no sepa que hay un problema.

- No des por sentado que tu posición es la correcta y que la de tu vecino está equivocada. Siempre hay dos lados de un mismo tema, de modo que mantén tu cabeza abierta.

- Escribe tus problemas y propón posibles soluciones.

- Comprométete a resolver las cosas como vecinos primero, antes de involucrar a otra gente.

- Si vives en un departamento, alerta al propietario sobre la situación tan pronto como sea posible. La mayoría de los contratos por arrendamiento tienen una cláusula que tiene que ver con los vecinos y las violaciones por ruido. Si él se rehúsa a cooperar, puedes llevar al propietario a pequeñas cortes de reclamos por mantener una alteración a la propiedad. Hay posibilidades de que dé un paso adelante tan pronto como menciones la palabra corte.

- No busques venganza contra tu vecino. A pesar de lo tentador que puede parecer, es muy probable que empeore las cosas.

- Averigua sobre leyes y ordenanzas locales. Las puedes buscar en el ayuntamiento o en la biblioteca pública local.

Cómo botarlo

TOC, TOC

A pesar de que no puedas comprender la lógica que hay detrás para mover muebles pesados a las 3 de la madrugada, o cantar los últimos éxitos de Anne Murray hasta la madrugada, recuerda que hay posibilidades de que tu vecino no tenga idea de que puedes oírlo. Golpea a su puerta y díselo, pero ten en cuenta que si comienzas atacando, muy probablemente te encuentres con un vecino al que no le gustarás mucho. De modo que sé considerada.

Consejo 1: Uno de los grandes errores que la gente comete en relación a sus vecinos es involucrar a un tercero. Es más difícil para tus vecinos continuar con una conducta negativa una vez que han hecho una conexión personal contigo. Hablar con ellos directamente les envía el mensaje de que tú esperas resolver las cosas amigablemente, pero en el momento en que tú involucras a un tercero, quitas el factor amigable de la mesa y pones a tu vecino a la defensiva.

Consejo 2: Cuida tu tono. Hay una forma correcta de decir algo y una forma equivocada. Asegúrate de que conoces la diferencia. Este no es el momento de juzgarlo. Si está dejando basura en su patio, por ejemplo, no pongas en juicio su personalidad llamándolo sucio. Además, tú no estás allí para culparlo, estás allí para llegar a una comprensión mutua, de modo que mantente en calma.

PASOS

1. **Golpea a su puerta.** Dale la impresión de que quieres solucionar esto juntos. *"Perdón por molestarte. Estoy segura de que no te das cuenta, pero las paredes de este edificio son delgadas como el papel. Oigo casi todo".*

2. **Ofrece una solución o un compromiso.** *"¿Qué te parecería si pusiésemos algunas horas de silencio que los dos podamos acordar? No me molesta que tu hijo quiera practicar su batería después de la escuela, pero en el fin de semana, antes de las 9 de la mañana, es duro".* Sugiere, pero no exijas.

3. **Deja que te responda.**

4. **Reconoce sus sentimientos incluso si no comprendes o no piensas del mismo modo. Eso demuestra que te importa.**

5. **Dale tu número de teléfono y agradécele. Un poquito de apreciación ayuda un montón.** *"Muchísimas gracias por estar dispuesto a solucionar las cosas".*

QUERIDO VECINO

Si tuvieras un momento difícil al querer conectarte con tu vecino personalmente o por teléfono, escríbele una carta usando las mismas ideas que planteamos antes. Define el problema, ofrece soluciones y agradécele. La intención de la carta no es amenazarlo; es pedirle amablemente que preste atención a tu inquietud.

INTÉNTALO ESCRIBIENDO: *"Hola _____. Traté de verte el otro día para hablar sobre los árboles que fueron plantados en tu patio recientemente. Parece que algunos de ellos están realmente en mi propiedad. Me gustaría hablar sobre la situación contigo de modo que podamos llegar a una solución juntos. Gracias por tu cooperación".*

Consejo: Asegúrate de conservar una copia de toda la correspondencia entre tú y tus vecinos por si la necesitaras como evidencia en el futuro, en caso de que tu caso vaya a la corte o involucre a la policía.

LLAMA A LA POLICÍA

Si los vecinos no te dejan dormir en toda la noche con sus fiestas ruidosas y su música a todo volumen, y has intentado solucionarlo llamándolos y golpeando a su puerta, prueba llamando a la policía. Una vez tuve un vecino al lado que pasaba música club desde las 2 hasta las 4 de la mañana. Probé hablando con él y dejándole notas, pero me ignoró. Finalmente llamé a la policía. Adivina qué sucedió. Nunca oí su música de nuevo. Resultó que había tenido problemas con la ley en el pasado y lo último que quería era que un agente de policía apareciera en la puerta de su casa. Problema solucionado.

Consejo: Para aquellos de ustedes que están teniendo problemas con un perro que ladra, llamen al control de animales inmediatamente y les enviarán a alguien a la casa o departamento de su vecino.

EL MEDIADOR

En situaciones más complicadas –tales como aquellas que tienen que ver con cercas y árboles– consideren llamar a un mediador, especialmente si los dos son incapaces de llegar a un acuerdo mutuo. Los mediadores están entrenados para escuchar a ambas partes en una disputa y ofrecer objetivamente una resolución. Hay más de quinientos centros de mediación barrial en toda la nación que se especializan en resolver amargas batallas entre vecinos; dependiendo del lugar en el que vivas, puedes incluso encontrar uno que atienda gratuitamente o por honorarios simbólicos. Los mediadores tienen un 90 por ciento de tasa de éxito. Encuentra uno buscando en "mediadores" en las Páginas Amarillas o llamando al juzgado local.

LA CORTE DEL PUEBLO

Si has probado con todo y tu tema sigue sin resolverse, considera llevar a tu vecino a la corte; tener un vecino con el que no puedas llevarte bien es un problema serio. Ir a la corte te da la oportunidad de pedir dinero y/o una orden de un juez y hacer a tu vecino responsable de las violaciones.

La evidencia que debes llevar a la corte

1. Copia de las leyes que tu vecino está violando.

2. La documentación que acredite el contacto que has tenido con tu vecino para discutir la situación: registro de llamadas, copias de cartas, notas dejadas por debajo de la puerta.

3. Actas de las horas y fechas en que has registrado el problema.

4. Registros policiales.

5. Cartas o petitorios de los vecinos.

Si fuera necesario

¡MI ESPOSO ES UN MANÍACO!

Ponte tu sombrero de actor y ve a golpear la puerta de tu vecino. Cuando responda, preséntate y cuéntale sobre tu esposo/esposa, el/la sonámbulo/a. Hazle saber que te sientes obligado/a a darle aviso de que cuando tu esposo/esposa oye ruidos altos por la noche, sale inmediatamente con un bate de béisbol en su mano. Nunca ha sucedido nada, pero tú simplemente te sientes más seguro/a cuando todos en el vecindario saben sobre estas pequeñas excursiones. Después agradécele y dirígete a tu casa.

NELLY, LA METICHE

Para aquellas de ustedes que tengan una vecina o vecino metiche que está constantemente fisgoneando o que habla sin parar mientras ustedes luchan con bolsas pesadas, comiencen a hablar sandeces con ella/él. Sabrán cuándo han hecho un buen trabajo por la mirada en su cara.

Botalopedia

▶ Los vecinos de Mary-Kate y Ashley Olsen están tratando desesperadamente de botarlas del vecindario de West Village, quejándose de que las hermanas son "perturbadoras, indiscretas y totalmente irrespetuosas".

▶ RottenNeighbor.com es un motor de búsqueda inmobiliario que te ayuda a averiguar sobre vecinos molestos antes de firmar un contrato de arrendamiento o de comprar una casa. Los miembros pueden publicar memorándums sobre vecinos fastidiosos y recibir consejos de otros.

▶ Se rumorea que la contienda Hatfield-McCoy comenzó en 1873 cuando un cerdo perteneciente a Randolph McCoy cruzó la tierra de Floyd Hatfield, quien entonces reclamó la pertenencia del animal, diciendo que estaba en su propiedad. Adelantamos rápido la cinta hasta 1979, cuando las dos familias acuerdan grabar un episodio de *Family Feud* en el que jugaban por un premio en efectivo y un cerdo. Ganaron los McCoys.

▶ Arlene y Willis Hatch de Alto, Michigan, les dejaron a sus vecinos casi 3 millones de dólares cuando murieron.

▶ La política del buen vecino (Good Neighbor Policy) fue establecida por Franklyn D. Roosevelt en 1933 como una forma de mejorar las relaciones entre los Estados Unidos y…

    A. América Latina

    B. Rusia

    C. China

    D. Canadá

La respuesta es A: América Latina.

seis

EL HUÉSPED

Indicios de que es hora de botar a tu huésped

▶ Aparece en un camión de mudanza.

▶ Se queja porque no hay una pastilla de menta en su almohada.

▶ Arregla para que su correo electrónico sea redirigido a tu dirección.

▶ Te entrega una lista de cosas que quiere del mercado.

▶ Se trae sus gatos con él/ella... sus diez gatos.

Mi casa no es tu casa

Nunca olvidaré mi primer departamento con compañeros de departamento. La ubicación era perfecta, justo en el límite de Soho y West Village en Manhattan. Seguro, era diminuto y exigía subir por escalera cuatro pisos empinados, pero era mío: el polvo, la mugre, el color de las paredes, todo mío. Apenas pude estar sola por tres días antes de que llegara mi primer huésped. Aparentemente, tener un departamento en una ubicación deseable es muy atractivo para todos. Antes de que lo supiera salían amigos de quién sabe dónde, algunos de los cuales no había visto por más de diez años. ¿Adivina quién era de pronto mi mejor amiga? No parecía molestarles que yo no pudiese recordar los apellidos de algunos de ellos.

Una de tales huéspedes era mi compañera de departamento del primer año de universidad, Shelly. Habíamos perdido contacto después de la graduación cuando ella se mudó. Estaba tratando de mudarse nuevamente a la ciudad para poder continuar con su carrera en la música y necesitaba un lugar para quedarse a dormir mientras buscaba un departamento, sólo por "una semana o dos, máximo. He estado hablando con gente de discográficas y debería estar firmando un contrato la próxima semana aproximadamente". No soy alguien que rechace a un amigo necesitado, y la admití.

Esa "semana" rápidamente se convirtió en un mes, y Shelly se sentía más y más en su casa: mi casa. Incluso comenzó a redecorar mi departamento reemplazando mis cortinas por las suyas, bajando las fotos de mi familia y remplazándolas con un batik colgante de un viejo concierto de Grateful Dead. A medida que los días pasaban mi departamento iba dejando poco a poco de tener mi estética e iba adquiriendo más y más de la suya. Cuando le preguntaba cómo iba su búsqueda de un departamento, siempre tenía alguna excusa de por qué necesitaba otra noche en mi sillón, desde un esguince en su dedo a tener azúcar en la sangre; lo que quieras que se te ocurra, probablemente ella lo haya usado.

Hasta que llegué a mi punto de quiebre. Estaba volviendo a casa después de un largo día de trabajo, exhausta. Subí las empinadas escaleras, ansiosa de sacarme los zapatos y tirarlos y relajarme frente al televisor, preferentemente sola. Cuando llegué arriba superó mi asombro el ver una media envolviendo el picaporte de mi puerta. Ahora, eso puede haber funcionado en la universidad como señal de que ella estaba "ocupada" con alguien dentro y para decirme que necesitaba encontrar algún otro lugar para dormir, pero yo no iba a irme esa noche. Golpeé con mucha fuerza la puerta. Cinco minutos más tarde, un tipo medio desnudo se escurría por la puerta del frente.

Al día siguiente, tuvimos nuestra charla. No dije exactamente lo que había planeado. Ella interpretó mis palabras amables de aliento para que desplegara sus alas y volara como una señal de abandono y de destrozo de sus sueños musicales. Baldes de lágrimas vinieron a continuación, y me rogó que le permitiese estar una semana más, a lo cual accedí sin ganas, pero, para este punto, mi respeto por ella había disminuido. Cuando la semana terminó y ella todavía estaba allí, yo no tenía más que malos sentimientos hacia ella. Sentí que se estaba aprovechando de mí, y –en un momento menos que saludable– tomé sus cortinas y el batik colgante de Grateful Dead, empaqué todas sus cosas y le dejé una nota que decía: "Por favor, vete antes de que yo llegue a casa". Nunca la volví a ver.

Lo que aprendí

Yo siempre he sido una imbécil cuando se trata de huéspedes. Digo sí cuando realmente no quiero y termino sintiéndome resentida con mis huéspedes cuando han estado más tiempo del que son bienvenidos. Lo sé; no es muy lindo de mi parte. Lo que aprendí mientras escribía este capítulo es la importancia de asumir la responsabilidad por tus acciones en cuanto a los huéspedes. Decir que sí sin saber cuánto tiempo están planeando quedarse es *mi* error, no el de ellos. Cuando pienso acerca de Shelly, ahora veo que yo debería haber sido mucho más clara con ella sobre cuánto podía quedarse. Desearía haberle dicho que dos semanas era mi límite: nada personal. Dado que nunca expresé mis pensamientos, hay muchas posibilidades de que ella no tuviera idea de que había excedido el tiempo en que era bienvenida. Esa es la razón por la cual desde ese día y en adelante voy a presentar por anticipado el número exacto de días en los que me siento cómoda de tener a alguien. Compartiré ese número con la próxima persona que me llame para dormir en mi sillón por un mes. Hay una delgada línea entre un huésped y una plaga en la casa. Al presentar mi tiempo de tolerancia previamente meditado, espero que esa línea nunca sea cruzada.

Prepárate bien

▶ Escribe una lista de razones por las que quieres botar a tu huésped.

▶ Pregúntate si has sido claro respecto de lo que esperas que haga mientras se está hospedando en tu casa. Por ejemplo, ¿quieres que se lave sus propios platos, su propia ropa o maneje? Si no lo has puesto en claro todavía, hazlo ahora.

▶ Avísale. Recuérdale lo que le pediste que hiciera mientras se está quedando contigo. Déjale saber que si no acata la disciplina, le vas a pedir que se vaya.

▶ Ensaya lo que vas a decirle a tu huésped. Piensa con detenimiento qué resultado estás esperando. ¿Cuándo quieres que se vaya? ¿Esta noche? ¿Mañana? ¿Quieres seguir siendo su amiga o no quieres volver a verla?

▶ Recupera todos tus elementos personales aún en su posesión: llaves, ropa, GPS, dispositivo para abrir puerta de garaje, etc.

Cómo botarlos

TENEMOS QUE HABLAR

Amiga, amigo de un amigo o pariente, dejas entrar a esta persona a tu casa; por lo tanto depende de ti hacerte responsable de la situación. Mientras que tú te sulfuras, totalmente sorprendida por la falta de consideración de tu huésped, considera que existen muchas posibilidades de que esta persona esté pensando que tú realmente disfrutas de su compañía. Si no puedes reunir el coraje para decirle que se vaya, recuerda que todo depende de cómo se lo digas; si piensas que será incómodo, lo será. Si te preocupa que te catalogue como mala anfitriona, da un paso atrás y toma conciencia de que es ella (o él) quien ha excedido el tiempo en que era bienvenida. Deja de preocuparte por lo que piensa de ti y comienza a pensar lo que otra gente va a decir cuando se enteren que eres una incauta.

PASOS

1. Elige un momento en el que sepas que esa persona no tiene planes para sentarte a hablar con él o ella.

2. Amablemente, pídele que dé un día exacto en el que partirá. Prueba con: *"Quiero controlar contigo el día exacto*

en que planeas irte, de modo de saber cuándo podré volver a mi rutina habitual".

3. **Deja que te responda.** Si te dice que hagas lo que tienes que hacer sin preocuparte por él o ella, ¡no retrocedas! Prueba con: *"Lo tendré en cuenta, pero no has respondido a mi pregunta todavía. ¿Qué día te estás yendo?".* Si te dice que no lo ha decidido todavía, ayúdalo a decidirlo. *"¿Qué tal te viene el miércoles a ti?".*

4. **Si todavía encuentras resistencia, sé firme.** Ya le has dado la mano y se ha tomado el brazo entero. Si decides dejarla quedarse más tiempo, no termines la conversación sin una fecha concreta de partida.

5. **Confirma la fecha en la que estará partiendo** y, si es apropiado, pregúntale si hay algo más que puedas hacer para ayudarla a partir ese día. Por ejemplo: *"Genial. Entonces el miércoles. Dime si te puedo llevar a la estación de tren en mi auto".*

AFUERA LA VIEJA, QUE ENTRE LA NUEVA

En situaciones en la que tu huésped no está captando el mensaje, prueba inventando otro huésped como una forma de empujarla a salir. Dile la hora y fecha de la llegada de la nueva huésped ficticia. No digas en unos días; di: "Llega el lunes a las 9 de la mañana". Para aquellas que necesitan un poquito de ayuda extra, menciona una crisis o condición médica que tu nueva huésped esté atravesando, y cuán importante es para ti brindarle un tiempo de calidad a solas a tu amiga. "¿Te conté que Debbie está pasando por un divorcio? ¡Terrible!". Si tu huésped tiene el coraje de pedirte un poco más de tiempo, discúlpate y di: "Lo siento, realmente necesito ese tiempo a solas con mi amiga, a quien no he visto en años".

DISTRIBUYE LAS TAREAS DEL HOGAR

No hay nada peor que un huésped que comienza a ladrar órdenes y a demandar comidas, o las huéspedes que simplemente se sientan allí con la expectativa de que tú las atiendas atada de pies y manos. Una vez tuve amigas de Europa en la ciudad y no hacían más que sentarse en el sillón. Esperaban que yo me levantase a la mañana para cocinarles el desayuno y llevarlas a pasear. Su excusa era que no comprendían los artefactos americanos o cómo manejar en Los Ángeles. Oh, ¿realmente? ¿No tienen tostadoras en Francia? Esa es la razón por la que tienes que darles a tus huéspedes un incentivo para partir; hazlo apuntando tareas para que hagan. Ir a comprar comestibles, hacer el lavado de ropa, descargar el lavaplatos y sacar a caminar al perro son todas tareas aceptables. Ten presente que cuanto más grande sea la tarea, más rápida será la salida. Le di este consejo a mi amigo Josh que tenía un viejo hermano de una asociación estudiantil quedándose en su casa por algunas noches. Cuando pasaron esos pocos días, no había señales de que este muchacho se estuviera yendo a ningún lado en ningún momento cercano. Josh se fue a su casa esa noche y le dijo a su amigo que era mejor que descansara bien esa noche, porque al día siguiente comenzarían a pintar la casa y a construir un cobertizo para las herramientas en el patio trasero. ¿A que no adivinas qué pasó? Se había ido para la hora en que Josh se levantó.

Si fuera necesario

"NO ME SIENTO TAN BIEN"

Esta opción requiere habilidades básicas de actuación; si estás un poquito fuera de práctica, pruébalo primero con una amiga o en el espejo más cercano. La rutina del "No me siento tan bien" requiere que simules que estás a punto de vomitar sobre tu huésped. Desabróchate tu camisa, desarregla tu cabello y pon la mejor cara de descompuesta que puedas, incluso puedes gemir un poquito. Dirígele una mirada a tu huésped que sugiera que estás a segundos de lanzar sobre ella. Ayuda regurgitar ligeramente antes de salir disparada al baño más cercano y cerrar con un golpe la puerta. Arrójale un incomprensible "Necesito estar sola" desde detrás de la puerta. Y si estás dispuesta a un verdadero desafío, simula que ciertamente estás vomitando.

"¡MIRA! ¡UN FANTASMA!"

¿Quieres pegarle un susto a tu huésped para que se vaya de tu casa? Dile que tienes una familia de fantasmas vagando por la casa. La mayoría de ellos son amables, pero hay uno que es un poquito desagradable y tú simplemente quieres que tu huésped esté preparado, especialmente en cuanto a los instrumentos filosos. Después mira más allá de ella, diciéndole que no se mueva pero que hay un fantasma justo detrás de ella. ¡Después, sal corriendo!

¡SIN AIRE ACONDICIONADO OTRA VEZ!

Para aquella de ustedes que viva en zonas de altas temperaturas y alta humedad, donde el aire acondicionado es obligatorio, cierra todas las ventanas de tu casa y dile a tu huésped que tu aire acondicionado está fuera de servicio. Dile que la última vez que sucedió esto pasó una semana antes de que pudieras conseguir que te instalaran y funcionara el aire nuevamente. Ella debería atravesar tu puerta en cuestión de minutos.

AMERICA´S MOST WANTED
(EL MÁS BUSCADO EN LOS ESTADOS UNIDOS)

Llama al 1-800-CRIME-TV desde el teléfono más cercano y hazle saber a *America's Most Wanted* que tienes una huésped que se parece a uno de los criminales que aparecen en el programa televisivo; eso debería funcionar.

Kato Kaelin
ANFITRIÓN Y ACTOR

P. *¿Cuál es la mejor forma de preguntarle a un huésped si ordenó pornografía?*

R. Yo sugeriría comenzar tirando pistas, como: "¿Sabes qué es el Spankvision?". Deja caer algunos de este tipo de comentarios y, si no confiesa, entrégale la cuenta y pregúntale lisa y llanamente si él lo pidió.

P. *¿Cómo logras que lo repare si lo hizo?*

R. Pide el dinero. Después pregúntale por qué no te invitó.

P. *¿Cuántos días puede quedarse un huésped antes de que tengas que pedirle que pague la renta?*

R. Un mes. Pero asegúrate de asignarle tareas después de las dos semanas: cuanto más tiempo se quede, más grande la tarea.

P. *¿Está bien que un huésped tome sol desnudo al lado de la pileta?*

R. Solo si trae el concurso de bikini de Hawaiian Tropic con él.

P. *¿Piensas que está bien que un huésped rompa algo y después pegue los trozos todos juntos de nuevo?*

R. Si el huésped soy yo, entonces ¡por supuesto! En otro caso, la respuesta es sí, siempre que tengas una buena excusa para cubrir tu trasero (como, digamos, un terremoto).

P. *¿Alguna vez has robado algo como un huésped?*

R. No, pero sí le di recientemente a Larry King mi copia de la llave de la casa de O.J.

P. *¿Cómo sabes si tu huésped va a declarar en tu contra en la corte?*
R. Si consigue una mejor oferta y se muda a la casa de huéspedes del querellante, estás en problemas.

P. *¿Es posible botar a un huésped y salvar la amistad?*
R. Por supuesto. Siéntate con él y usa psicología inversa. Dile a tu huésped que le estás haciendo un favor. Sé directo y explícale que es hora de que se vaya. Y hazlo con una sonrisa en tu cara: siempre con una sonrisa.

P. *Si te reencarnaras y volvieras a la vida como un huésped, ¿en la casa de quién elegirías vivir y por qué?*
R. En mi propia casa. Porque soy el único suficientemente bobo como para vivir en una casa detrás de mi propia casa.

P. *Si fueras un animal, ¿qué animal serías y por qué?*
R. Una termita. De ese modo si no puedo vivir en una casa, al menos me la podría comer.

P. *Dejando a un lado todo el asunto O.J., ¿qué fue lo peor que te ha sucedido como huésped?*
R. Fue mi primera y única vez como huésped; enfrentémoslo, no hay nada peor que un doble homicidio.

Botalopedia

▶ Al principio de su carrera, Gene Hackman hospedó a Dustin Hoffman como huésped en su departamento de un solo dormitorio en la ciudad de New York. Se suponía que Hoffman se quedaría por unas pocas noches, pero se corre el rumor de que no se iba. En lugar de botarlo, Hackman lo llevaba a recorrer la ciudad para que buscara su propio lugar.

▶ *Huésped* fue una película de 1995 en la que actuaba Sinbad y Phil Hartman.

▶ La reina de la etiqueta, Peggy Post, escribió en el sitio GoodHousekeeping.com que los huéspedes deberían agradecerles a sus anfitriones trayéndoles pequeños regalos, tales como una botella de vino.

▶ Houseguest (huésped en inglés) es el nombre de una banda de rock de Akron, Ohio. La revista literaria basada en San Francisco, *McSweeney's*, los llamó "la mejor banda pop de los Estados Unidos".

▶ De acuerdo a la revista *Good Homes* de la BBC, fumar es considerado la peor de las conductas de un huésped. Está seguido por exceder el tiempo en que se es bienvenido y por criticar la decoración de la casa.

siete

LOS PADRES DE LOS AMIGOS DE TUS HIJOS

Señales de que es hora de botar a los padres de los amigos de tus hijos:

▸ Traen sus propias bolsas de dormir además de las de sus hijos, cuando tus niños invitan a sus amigos a quedarse a dormir todos juntos en tu casa.

▸ Aparecen convenientemente en tu casa a la hora de la cena para buscar a sus hijos.

▸ Cada vez que vas a su casa, tratan de convertirte a su religión.

▸ Siempre que los ves, tratan de convencerte de comprar un tiempo-compartido con ellos en Granada.

▸ Te invitan a su casa para una fiesta *swinger*.

Encuentros sin padres

Mi hermana Susan es una de las personas más amables que conozco. Dado que es tan abierta, todos quieren hablar con ella: el empleado en Whole Foods, el cajero del banco, el muchacho de la cabina de peaje y la madre del nuevo amigo de su hija, Janet. Janet se quejaba de todo. Desde la cuota del gimnasio en Curves hasta el precio de la gasolina o el color de un M & M: bastaba nombrar algo para que empezara a renegar sobre eso.

Dado que una de las tareas de ser padres consiste en coordinar encuentros de juego con los amigos de tus hijos, no pasó mucho tiempo antes de que Janet llamara a Susan para arreglar uno. Susan sabía lo que esto significaba: más quejas. El primer encuentro tendría lugar en la casa de Susan, el domingo, de 1 a 5 de la tarde; para evitar estar disponible para Janet, Susan ideó un plan de juego. Janet dejaría a su hijo Jacob a la 1, se iría, y Susan permitiría jugar a los niños mientras ella se ponía al día con un montón de papeleo. Perfecto. Pero nada es realmente perfecto, y el plan de Susan no era a prueba de Janet; que en vez de dejar a Jacob e irse como hacen otros padres, se sentó a la mesa, en la cocina de Susan y se acomodó. Cuando Susan trató de excusarse para volver a su tarea de los papeles, Janet comentó que nunca había tiempo suficiente en el día para hacer todo. Y luego se pasó las cuatro horas siguientes dejando exhausta a mi pobre hermana con más quejas.

Susan, tratando de ser lo más amable posible, dio golpecitos a su reloj pulsera y miró fijamente el reloj de pared a las 5, pero Janet no entendió la indirecta de que era hora de partir, entonces Susan se levantó para preparar la cena familiar. Janet la miraba picar la verdura, lavar la lechuga y sacar el queso de soja. Y luego sucedió lo que Susan quería evitar; Janet dijo: "Hmmm. Eso huele sorprendentemente bien, ¿qué estás preparando?". Susan no sabía bien a qué se refería, ya que no había comenzado a cocinar y las verduras crudas no tienen mucho aroma.

"Revuelto de verduras y queso de soja", dijo una cansada Susan.

"Oh, ¡mi plato favorito!", dijo Janet. Luego descubrimos que cuando Janet tenía hambre, todos eran sus platos favoritos: pan de carne, pizza, pasa de uvas.

"Bueno, ehm, ¿les gustaría a ti y a Jacob quedarse a cenar?", dijo Susan muy a su pesar.

"¡Solo si tú lo quieres!", dijo Janet. Susan no pudo evitar sentirse en una trampa.

Y eso fue solo el comienzo. Al poco tiempo, Janet se aparecía cuando le placía, a veces sin Jacob. Sabiendo que Susan nunca cerraba la puerta trasera con llave, a veces se aparecía, y si no había nadie en casa, simplemente se sentaba en la cocina y esperaba. Cuando no estaba esperando, estaba llamando por teléfono, siempre con el pretexto de organizar encuentros de juegos para los niños, pero en realidad para quejarse. Todos le rogábamos a mi hermana que le dijera algo, pero Susan nunca fue buena para decir "no", a menos, por supuesto, de que estuviera bajo los efectos de una gran medicación para el dolor.

Los inviernos de New England son una lata, y Susan fue víctima de la lata cuando estaba sacando una sillita de paseo de su minivan después de una tormenta de nieve. No se dio cuenta de que estaba parada sobre una capa fina de hielo. En el momento en que tuvo en sus manos el peso de la sillita, sus pies se hundieron, haciéndola caer rotundamente sobre la espalda, con la sillita sobre su estómago. El médico le dijo que se había pellizcado su espalda y la medicó para disminuir su dolor, pero esos medicamentos también disminuyeron sus inhibiciones. De repente, mi dulce hermana se volvió descarada, diciéndole a la gente exactamente lo que pensaba, sin barreras.

Durante el siguiente encuentro de juegos, Janet tomó asiento a la mesa de Susan, tomó una cuchara para sopa y simplemente porque no podía contenerse, se lanzó a quejarse sobre el tamaño de las cucharas soperas. Janet pensaba que si una cuchara estaba diseñada para tomar sopa, debería ser diseñada de modo diferente, permitiendo una transición más fácil del caldo dentro de nuestra boca. Esto superó el punto límite de la paciencia de mi hermana. Interrumpió a Janet y lanzó su propia queja, acerca de Janet. "Tú sabes que no tienes por qué quedarte aquí mientras los niños juegan. El encuentro es para los niños. Si quisiera que tú te quedaras, te lo hubiese pedido. Y según mi registro, no lo he hecho ni siquiera una vez". Y con esto, Janet se levantó de la mesa y se fue. Lamentablemente, lo hizo sin su hijo, al cual recogió sigilosa y tímidamente cinco minutos más tarde.

Para cuando la espalda de Susan había sanado y ella había dejado de tomar narcóticos, tenía unas cuantas disculpas que pedir, pero era con Janet con quien peor se sentía. Era cierto que la había querido botar hacía meses, pero esa no era la manera en la que había previsto hacerlo. Y lo último que quería era afectar con ello la relación de su hija con Jacob, por lo tanto la primera disculpa fue para Janet, quien la aceptó, y estaba a punto de comenzar a quejarse sobre el peligro de tomar calmantes, pero se detuvo. No habría más quejas. Los encuentros de juego siguieron, con Janet dejando a su hijo afuera y haciendo sonar la bocina cuando lo venía a buscar, para avisar que ya estaba allí. Y eso estaba bien para Susan.

Lo que aprendí

Que tus hijos se lleven bien no significa que automáticamente te lleves bien con los padres. No hay nada a lo que le tenga más pavor que a tener que fingir interés en alguien; soy muy mala para eso. Suspiro un montón, mis hombros comienzan a moverse con un tic, y mis ojos se niegan a mantenerse enfocados. Pero ser madre implica hablar con otros padres, y eso significa tener que ser amable. Por años, he visto a mi hermana entablar conversaciones con personas que sé que no tolera. Da miedo ver qué bien lo hace; tan bien, en realidad, que me hace preguntarme cuántas veces ha fingido interés en mí.

Hablé con un montón de papás para este capítulo. Todos ellos en algún momento han terminado o han querido hacerlo con algún padre de algún amigo de sus hijos. La mayoría de ellos mencionó que habían conocido múltiples padres a los que hubiesen querido botar. Aprendí que lo más importante es mostrar constantemente cuán ocupada estás. Esto significa contarle a la otra mamá cuáles son tus planes mientras los niños juegan, de modo que no asuma que tienes todo el tiempo del mundo para ella. También tienes que dejar claro que los encuentros de juegos son para los niños y no para los padres. Todos los papás que fueron capaces de botar a otros dijeron que no debes dar nada por sentado. Tienes que explicar todo en detalle, agarrando el toro por las astas y estableciendo límites claros desde el principio. Esto es algo que mi hermana no supo hacer con Janet. Asegúrate de que nada quede establecido en forma vaga, desde los horarios para dejar los niños hasta la hora para pasar a buscarlos. Déjale a la mamá la impresión de que estás programando citas, no organizando reuniones sociales. ¡Próximo!

Prepárate bien

▸ Pregúntate en qué medida tu hijo se verá afectado si botas a los padres de su amigo.

- Escribe una lista de las cosas que no te gustan de los padres del amigo de tu hijo.

- Observa la lista y decide si podrías estar juzgándolos injustamente. Fíjate si hay algo que puedas hacer en forma diferente para llevarte mejor con ellos.

- Comienza a desconectarte de los padres tanto como te sea posible.

- Establece límites. Hazle saber a los padres qué estás y qué no estás dispuesta a hacer en los encuentros de juego. Por ejemplo, si eres la anfitriona de una fiesta de pizza en la que los chicos se quedan después a dormir y los padres te dicen que su hijo no come pizza y a cambio sugieren un menú de cuatro platos de comida casera, diles: "Lo siento, eso no es posible, pero si quieren prepararle algo a su hijo con anticipación, estaría gustosa de servirlo con la pizza". Entonces, establece los límites y hónralos. Tan pronto como empiezas a hacer excepciones, das la impresión de que estás deseosa de adaptarte a cualquier cosa.

Cómo botarlos

NO QUEDA TIEMPO PARA TI

Para aquellas de ustedes que estén lidiando con una madre que quiere convertirse en su nueva mejor amiga, corten las cosas de raíz en el primer minuto en el que se haya puesto en marcha un nuevo encuentro de juegos. Tan pronto como te sugiera pasar ese tiempo juntas, toma el control de la conversación dejando clarísimo que estás ocupada y no tienes tiempo para andar por ahí con ella.

MADRE#1: *"Realmente deberíamos organizar un plan para que estén juntos nuestros hijos, pronto".*

TÚ: *"¡Eso estaría muy bien! Estaré en casa todo el fin de semana, construyendo y laqueando estantes. ¿Por qué no dejas a… a la 1 de la tarde, así los dos niños juegan por unas horas mientras yo hago mi trabajo? Nosotros cenamos a las 6 de la tarde, por lo tanto si quieres estar de vuelta a las 5 para llevar al pequeño Jimmy, sería fantástico".*

En esta situación, has tomado el control al sugerir que el encuentro será en tu casa en un horario específico, y has usado la palabra "dejas", estableciendo claramente que ella no debería asumir que habrá café y torta, ni que puede afincarse en la mesa de tu cocina a charlar por horas mientras los niños juegan. También has mencionado que tienes un proyecto que tomará toda tu atención, haciéndole entender que no tienes tiempo para ella. Cuanto mejor aprendas a manejar la conversación y a decirles a los otros padres qué esperas que suceda, más fácil se volverá todo. Solo es cuestión de práctica.

Si la madre quiere hacer un encuentro de a cuatro, prueba echándole la culpa a la agenda ocupadísima de tu cónyuge. Hazle saber que tu pareja está tan ocupada que casi no puedes verla. Luego menciona cuán excitada estás de poder verla este fin de semana, o cualquier noche en la que ellos te propongan verse.

Para aquellos de ustedes que estén tratando con padres de personalidades fuertes, y que se niegan a dejarlos tener el control de la conversación, digan que deben chequear sus agendas y que luego les contestarán. Esto da tiempo para pensar y plantear un plan B, que consiste en cambiar el plan de modo que se acomode a ti.

MADRE #2: *"Llevemos a los niños al gimnasio el domingo. Estamos pintando el baño de huéspedes y no tengo idea de qué color hacerlo. Traeré muestras para que veas. Pasaré a buscarte a las 10 de la mañana".*

TÚ: *"Tendré que llamarte para confirmar lo del domingo, porque pienso que tengo algo acordado".*

TÚ (DEVOLVIÉNDOLE EL LLAMADO): *"Le prometí a .... que nos ocuparíamos de los impuestos el domingo. Me encantaría si pudieras llevar a los niños al gimnasio. También podrías dejarme las muestras y yo las vería mientras tú no estás".*

Si la madre quiere entrar y socializar, no tomes asiento con ella. Permanece de pie. Asume que se le ha olvidado que te ocuparías de los impuestos, y recuérdaselo.

MADRE #3 (SENTADA): *"Entonces, ¿cómo va todo? ¿Alguna novedad?".*

TÚ (DE PIE): *"Me encantaría charlar, pero estoy compenetrada con los impuestos. Muchas gracias por llevar a los niños. Oh, acabo de recordar otra deducción impositiva. ¡Debo correr!".*

Consejo: Si la madre parece dolida, suelo hacer un cumplido; decir algo lindo sobre la blusa que luce o acerca de su hijo. Encuentro que esto cambia el humor y hace más fácil la salida.

Y para finalizar, dado el caso de niños que requieren que la mamá los acompañe unos minutos hasta adaptarse, dile a ella que estás en la otra sala si te necesitaran, que de lo contrario la verás en unas horas cuando termine el encuentro de juegos. Se trata de dirigir y controlar los planes y conversaciones. Una vez que esto se transforme en un hábito, te sorprenderá descubrir cuánta tensión has eliminado de tu vida.

PROHIBIDO ENTRAR

Para aquellas de ustedes que como mi hermana no pueden encontrar el modo de hacer que los padres de los amigos de los hijos se vayan de la casa, implementen la política "Prohibido entrar". Esto significa que deben hacer lo que sea necesario para que no entren en su casa: sus hijos, sí, ¿pero la mamá?, de ningún modo. Si el encuentro de juegos es en tu casa, corre fuera de ella en el preciso momento en que escuchas parar el auto, asegurándote de que la mamá no baje de él. Es más fácil si logras organizar los encuentros en la casa de ellos o en otro lugar. Si su hijo viene a tu casa con el tuyo después de la escuela, ofrécele llevarlo en auto hasta su casa. Si intenta tenderte una emboscada en su casa, excúsate amablemente haciéndole saber que debes ir a otro lugar y que se te está haciendo tarde. Si hace algún comentario acerca de cuán ocupada estás, es que has tenido éxito.

LLAMANDO A TODOS LOS AMIGOS

Un buen amigo está allí para ti, cuando lo necesitas. Llama a alguno de ellos y explícale la situación, pidiéndole que pase por tu casa antes de que la madre traiga a su hijo. En el mejor de los casos, cuando la madre vea a tu amiga, se dará cuenta de que es inoportuna y entenderá el mensaje de que no es bienvenida. Si no entiende el mensaje, haz que tu amiga se muestre y diga: "Qué lindo conocerte. Estoy tan ansiosa por tener ese tiempo para esa charla entre nosotras que tanto necesitamos, mientras los chicos juegan. ¡Entiendo que nos veremos en unas horas!".

LA NEGACIÓN EXISTE EN TODAS PARTES

Lamentablemente, algunos padres –sin importar cuánto esfuerzo hagas– nunca entenderán el mensaje de que no son de tu agrado. En casos como esos, no hay vuelta que darle; tendrás que sentarlos y mantener con ellos una charla cara a cara. No tienes necesidad de ser muy específica; solo tienes que asegurarte de que entiendan que hablas en serio. Lo más probable es que no seas la primera madre que termine con ellos, y no serás la última. En realidad, no te sorprendas si se mueven hacia otros padres inmediatamente.

PASOS

1. **Anticipa a la madre del amigo de tu hija tu idea; te gustaría hablar con ella a solas cuando disponga de tiempo.**

2. **Establece un horario y un lugar donde los niños no puedan escucharlas.**

3. **Bótala sin dar mayores detalles. Sé tan honesta como te sientas cómoda, dependiendo de la situación. Hazlo en forma dulce y corta, pero precisa, asumiendo mucha responsabilidad. *"No me es fácil decir esto, pero mi agenda está tan ocupada en estos momentos que lamentablemente no tengo tiempo para holgar. Lamento si esto suena rotundo o si hiere tus sentimientos. Solo quiero ser clara contigo, de modo que no haya malentendidos, y no decepcionarte si no puedo disfrutar de un tiempo charlando en tu casa o en la mía".***

4. **Permítele que responda, pero trata de no preocuparte por sus sentimientos. Si se siente dolida, está bien. Muestra compasión, pero no des marcha atrás ni le permitas volver a entrometerse en tu vida. Uno de sus problemas es no respetar tus límites, por lo tanto si le permites traspasarlos ahora, le estás dando el mensaje de que no eres seria en tus afirmaciones.**

5. Discúlpate y deja claro que no quieres que esto afecte a los niños. Amas a su hijo y deseas que Junior siga jugando con el tuyo.

6. Vete. Cuanto más tiempo te quedes, más fácil será para la madre volver a succionarte.

7. Respeta tus límites. Desde ese día en adelante, si ves a la madre tratando de escurrirse, mantente firme. No hagas excepciones, salvo que se trate de una emergencia.

Consejo: Si la madre te pregunta si ha hecho algo mal, piensa mucho antes de responder con la verdad. Pregúntate si tiene algún sentido. Recuerda que tendrás que seguir viéndola regularmente.

Si fuera necesario

QUÉJATE

Tan pronto como la madre del amigo de tu hija comience a hablar, quéjate. "¿Sientes que te duele la espalda? Uff, la mía mucho más. Y no solo mi espalda; me han salido várices en la parte de atrás de mi rodilla. Amiga, es una pesadilla palpitante y espeluznante". Continúa hablando. Finalmente ella encontrará otras cosas que hacer.

PONLA A TRABAJAR

¿Todavía no puedes botar a la madre? La próxima vez que venga y se instale en tu casa, dile que es el día de limpieza. Si no se va inmediatamente, entrégale un trapeador y un balde y ponla a trabajar. No debería pasar mucho tiempo antes de que se tome un descanso; si con esto todavía no abandona, por lo menos tendrás una cocina limpia.

BOTALOPEDIA

▸ El Día de los Padres (por Parent´s Day) fue establecido en 1994 y se celebra el cuarto domingo de julio en los Estados Unidos para reconocer y apoyar el rol de los padres en la crianza de los hijos.

▸ La Asociación Padre-Maestro (o PTA, por Parent-Teacher Association) fue fundada en 1897 para reunir a padres, maestros y ocasionalmente a estudiantes en una escuela o distrito escolar, usualmente con la finalidad de reunir fondos o discutir temas relacionados a la escuela.

▸ De acuerdo al U.S. Census Bureau (Oficina de Censos de los Estados Unidos), hay 82,5 millones de madres en el país y 66,3 padres.

▸ Los padres más jóvenes del mundo tenían ocho y nueve años, y tuvieron su primer hijo en China en 1910.

ocho

EL DUEÑO DE TU DEPARTAMENTO

Indicios de que es hora de botar al dueño de tu departamento

▶ En lugar de arreglar tu ascensor descompuesto, lo convierte en un armario para almacenar cosas.

▶ Puedes llegar a casa y encontrártelo durmiendo en tu sofá.

▶ Tu problema de cucarachas está tan fuera de control, que es hora de empezar a cobrarles una renta a los bichos.

▶ El propietario les está ofreciendo tu departamento a posibles inquilinos, y tú no sabías que te estabas mudando.

▶ Te hace escribir y enviar el cheque por tu renta directamente al corredor de apuestas.

Propietario sin categoría

Cuando fui por primera vez a Los Ángeles, dos de mis hermanas ya estaban viviendo allí y fueron lo suficientemente amorosas como para dejarme vivir con ellas hasta que encontrase un departamento. Yo no estaba completamente enamorada de Los Ángeles, y sabía que a menos que encontrara el departamento perfecto, muy probablemente me subiría al próximo avión de vuelta a New York. Habiendo pasado un tiempo en Los Ángeles con anterioridad, tenía mis ojos puestos en una cuadra en particular, no solo porque la gente se refiriera a ella como la calle de la ciudad de New York, sino porque tenía el más hermoso chateau en el medio de una maravillosa calle rodeada de hileras de árboles. Me imaginaba que vivir allí sería como vivir en Francia, y que los inquilinos bebían vino todas las noches mientras discutían sobre filósofos en el patio. Cuando finalmente llegó el día en que el cartel "En alquiler" apareció afuera, estuve ahí inmediatamente.

El departamento era grande, con un dormitorio y dos baños completos, cada uno con los azulejos originales de 1930 y con maravillosas ventanas art deco. Era ese. Ese era el departamento que yo tenía que tener. Y después conocí al dueño, Walter, que en un nivel superficial parecía normal a pesar de su falta de camisa y sus *shorts* de marinero. Poco sabía yo que era un chiflado demente. Le hacías una pregunta y te responda con algo completamente diferente. Cuando le pregunté sobre el departamento, me contestó que él era republicano y un ávido coleccionista de armas.

La única información que obtuve de él respecto al departamento era que Richard Simmons aparentemente vivió allí en 1970, algo que me produjo una gran alegría; también a todos mis amigos, que me sorprendieron con *shorts* de delfines por años.

Walter dijo un montón de cosas ese día que deberían haber levantado mis sospechas, pero elegí mirar para otro lado porque estaba enamorada del departamento. Poco sabía que Walter tenía un romance con el *chateau*. En realidad, era tan posesivo del edificio que fuera de permitir que un jardinero y un equipo de limpieza vinieran una vez cada tanto, nadie podía tocar a su "bebé". Si había una emergencia de plomería o eléctrica, en lugar de llamar a un profesional para que la arreglase, Walter mismo venía. El problema era que Walter no sabía nada sobre plomería o electricidad; yo sufría de grifos que perdían, una ducha que goteaba y no tenía calefacción. Cuando Walter descubrió que mis calefactores eléctricos estaban en realidad enganchados al medidor del edificio y no a mi medidor personal, entró a mi departamento sin permiso mientras yo estaba en el trabajo y me los reemplazó por pequeños calefactores eléctricos que parecían más pertenecer a la Casa de los Sueños de Barbie que a un departamento de 1.000 pies cuadrados. No eran más que objetos de utilería baratos que débilmente sacaban el aire frío afuera.

A medida que los meses pasaban, los verdaderos colores de Walter salieron a la luz y lo convirtieron en un clásico propietario sin categoría: alcanzándoles baldes sucios a los que tenían goteras; extendiendo notas de desalojo a cualquiera que tuviera más de tres días de atraso en el pago de la renta; y tirando a la basura los carteles de la ciudad que notificaban a los inquilinos que Walter había dejado de pagar la cuenta de electricidad del *chateau* y que las luces de la puerta del garaje y las luces del corredor estaban a punto de ser puestas fuera de servicio. Mis vecinos llamaron a los inspectores de edificios de la ciudad y les rogaron que vinieran e investigaran, pero Walter debe de haber estado pagándoles. Se corría el rumor de que incluso había falsificado nuestras firmas, diciendo que habíamos cambiado nuestra decisión y que no queríamos que ninguna de las autoridades de la vivienda entrara a nuestros departamentos. El edificio se caía a pedazos.

Sintiendo que estábamos obsesionados con él, Walter se volvió más y más paranoico a cada minuto. Decidió que el único modo de asegurarse de que ninguna de las autoridades de la vivienda entrase subrepticiamente era estar siempre en el edificio. Esto implicaba dormir en el garaje. Para pasar el tiempo, comenzó a recolectar basura: viejos motores de auto, canoas podridas y cocinas deterioradas. Apilaba todo en el garaje, haciendo que cada vez fuera más difícil estacionar nuestros vehículos.

Y luego sucedió la inundación, que destrozó nuestros autos y pertenencias guardadas en el garaje. Resulta que la basura que Walter había estado juntando formó una pila tan alta sobre los desagües que el agua de lluvia que caía dentro del garaje no tenía adónde ir. Walter nos aseguró a todos nosotros que durante la tormenta él había estado al frente de la situación, poniendo bolsas de arena e instalando una compuerta contra la inundación, pero la verdad era que él había elegido irse a casa con su familia esa noche, y para evitar la hora pico de tránsito, dejó lo que estaba haciendo y se fue.

Era oficial; mi luna de miel con el *chateau* se había acabado. No bebería vino en el patio con mis vecinos ni hablaría sobre filósofos. Tenía dos opciones: mudarme o hacer responsable a Walter. Elegí prepararme para la batalla, porque, a pesar de todo, todavía amaba mi departamento. Y por lo tanto, comencé a reunir evidencia. No estaba segura de cuáles eran las leyes, pero estaba segura de que tenía una larga lista de violaciones contra él. ¡Walter se estaba hundiendo!

Unas pocas semanas más tarde, Walter golpeó a mi puerta. Supuse que para disculparse. ¡No! Walter había oído que nos reuniríamos con un abogado, y quería asegurarse de que yo supiera que si le iniciaba un juicio, me haría imposible la vida en el *cha-*

teau. Le dije que yo no tenía en cuenta las amenazas, y él me dijo que cerrara mi boca si deseaba continuar viviendo allí. Mentiría si dijera que no sentí miedo.

Unos meses más tarde, tuve otro golpe a la puerta sorpresivo. Un agente inmobiliario, junto con veinte personas que vestían trajes, quería mirar mi departamento. El agente me informó que Walter no era el dueño real del *chateau* sino su madre, y que ella había muerto recientemente. Y por pedido del resto de la familia, el *chateau* estaba ahora en venta, a pesar de las protestas de Walter.

El *chateau* fue vendido ese mismo día. Menos de una semana después, el nuevo dueño apareció junto con un impresionante equipo de construcción. Tenía grandes sueños para el *chateau*, incluyendo su restauración a sus condiciones originales. En cuanto a Walter, trató lo más que pudo de mantenerse aferrado, sin deseos de renunciar a su amor. Siguió durmiendo en una habitación fuera del garaje hasta que el nuevo dueño lo descubrió y cambió las cerraduras, notificando a la policía que Walter no debía acercarse al *chateau*. El hombre posesivo que había dejado que su bebé se viniera abajo, que había entregado presuroso notas de desalojo, ahora había sido él mismo desalojado del departamento.

Lo que aprendí

Los propietarios sin categoría se salen con la suya en gran medida por la debilidad de los inquilinos. Yo debería saber; yo fui uno de ellos. Me encantaba tanto mi departamento que estaba dispuesta a soportar la falta de calefacción, una ducha que goteaba y una pileta que constantemente goteaba. Mis amigos venían durante el invierno y empezaban a temblar. Me preguntaban cómo diablos podía soportarlo. Hacía todo lo posible por simular que no estaba tan mal, pero lo estaba. Sabía que Walter violaba innumerables leyes, pero nunca me tomé el tiempo de buscar esas leyes y conocer mis derechos. ¿Por qué? Porque él me intimidaba y me amenazaba. Si hubiera sabido entonces lo que sé ahora, no hubiera dudado en levantar ese teléfono y conseguir a alguien de la ciudad que viniera y emitiera una citación judicial, especialmente sabiendo cuán fácil es y cuántos recursos hay a disposición de inquilinos maltratados. No sabía qué era una asociación de inquilinos, menos cómo organizar una. Sabiendo lo que sé ahora, hubiera empezado una en un abrir y cerrar de ojos. Hubiera sido pan comido, dado que todos odiaban a Walter. Él contaba con que nosotros no haríamos nada, y suponía que si dejaba de alquilar departamentos a hombres (que fue lo que hizo), mantendría las cosas de esa manera. Sabía que sería más fácil hacerse el bravucón con las mujeres.

Pero yo he terminado con los propietarios sin categoría. Mientras hacía la investigación para este capítulo, me hice amiga de varias personas en el departamento de vivienda (todos ellos me han dado su tarjeta personal). Mi nuevo propietario ha empezado a insinuarme que tiene planes de sacarme para poder aumentar la renta. Poco sabe él que yo tengo un pequeño montoncito de tarjetas personales que puedo usar tan rápido como se cae un sombrero.

Prepárate bien

▸ Si el dueño de tu departamento te está acosando, notifica a las autoridades de vivienda locales inmediatamente. El Acta de Vivienda Justa (Fair Housing Act) es una ley federal que prohíbe la discriminación por raza, color, religión, sexo, desventaja física, estatus familiar o país de origen. Los *links* a las autoridades de vivienda locales pueden encontrarse en el sitio web de la Public Housing Authorities Directors Association (Asociación de Directores de Autoridades de la Vivienda Pública), www.PHADA.org.

▸ Nunca tomes lo que dice el propietario de tu departamento como un hecho. La mayoría de los propietarios no tienen información actualizada respecto de leyes y cuentan con que tú no los cuestionarás.

▸ Familiarízate con las leyes de vivienda de tu lugar. La mayoría están disponibles en la biblioteca local, o puede accederse a ellas *online* en www.FairHousingLaw.org/fair-housing-laws/laws/.

▸ Si tienes problemas serios –tales como falta de calefacción, sellado contra el clima ineficiente, o cerraduras que no funcionan–, llama a las autoridades de vivienda inmediatamente y pídele al departamento correspondiente que envíe a alguien a inspeccionar tu casa.

▸ Estudia tu contrato de arrendamiento. La mayoría de los propietarios usan formularios estándar de contrato de arrendamiento y agregan sus propias cláusulas a él; no todas las cláusulas son legales.

▸ Haz un archivo sobre el propietario de tu departamento. Documenta todos los temas y problemas. Toma nota de la hora y la fecha de cada incidente, y guarda todos los papeles que intercambien. Continúa llamándolo. Los propietarios son famosos por decirles a las autoridades o a la corte que el inquilino solo se quejó una vez. Allí es cuando tú sacas tus archivos y comienzas a recitar de un tirón las fechas de los llamados telefónicos, las cartas escritas y todo lo demás. Oh, ¿realmente? ¿Solo una vez? No creo que sea así.

- Escríbele al propietario de tu departamento una carta certificada con un acuse de recibo. Incluye información detallada sobre los problemas que estás teniendo y pídele que te responda con un horario y fecha en que solucionará el problema. Cuando sea posible, menciona que si no lo arregla, empeorará y será más costoso de arreglar. Los propietarios no quieren gastar nada más que lo que tienen que gastar. Menciona cualquier peligro que podría terminar en una herida. Ten presente cuando escribas la carta que podría convertirse en evidencia si vas a la corte, de modo que elige tus palabras con sabiduría.

- Paga tu renta completa a tiempo. Sé que es tentador retener la renta o deducir los gastos –a lo que se llama "recurso de reparación y deducción"–, pero los abogados especialistas en vivienda generalmente aconsejan no hacerlo. La razón es simple: los propietarios pueden demandar a los inquilinos para recuperar el dinero o iniciar una acción de desalojo. Si el inquilino deduce dinero para hacer reparaciones no cubiertas por el recurso, la corte puede fallar a favor del propietario y requerirles que paguen, o peor, permitirle al propietario continuar con el proceso de desalojo, dado que la falta de pago de la renta es causal de desalojo. A menos que estés completamente seguro de que tus gastos están cubiertos por el recurso, paga tu renta completa. Siempre puedes recuperar el dinero llevando al propietario a la corte.

Derechos legales estándares de los inquilinos

1. Límites en la suma de depósito de seguridad que un propietario puede pedir.

2. Límites en el derecho del propietario a entrar a tu unidad.

3. Derecho a devolución de tu depósito de seguridad.

4. Derecho a demandar a tu propietario por violación de la ley o de tu contrato de arrendamiento.

5. Derecho a retener la renta bajo ciertas circunstancias.

6. Derecho a una unidad habitable.

7. Protección contra el desalojo.

Consejo 1: La próxima vez que te mudes, detente a hablar con otros inquilinos del edificio sobre tu potencial propietario. Pregúntales cuánto se ocupa del mantenimiento. El propietario de tu departamento puede parecer la persona más agradable del mundo, pero la única forma de conocerlo con seguridad es hablando sobre él con otros inquilinos.

Consejo 2: Mantén todo por escrito con el propietario de tu departamento. Los acuerdos verbales no significan nada. Una vez me mudé a un departamento que tenía una puerta de un gabinete que no abría. El propietario me prometió arreglarla antes de que me mudara. Nunca lo asentamos por escrito. Durante los cuatro años en que viví allí, nunca la arregló.

Cómo botarlo

TEN UN ENCUENTRO CON EL PROPIETARIO

Después de que hayas estudiado las leyes de tu ciudad/estado y te hayas familiarizado con las leyes que el propietario de tu departamento está violando, arregla para encontrarte con tu abogado y discutir por qué quieres botar al propietario de tu departamento. ¿Es porque se rehúsa a arreglar cosas, o es para salir de tu contrato antes? Sé claro con lo que quieres lograr en el encuentro por anticipado. Lleva tu carpeta de evidencia a la reunión, incluyendo copias de las cartas certificadas escritas al propietario de tu departamento, la hora y la fecha de todas las llamadas telefónicas hechas a él, y fotografías de todos y cada uno de los daños.

Advertencia: Gritarle al propietario no te llevará a ningún lado, y en la mayoría de los casos solo intensificará su reticencia a hacer algo.

PASOS

1. **Arregla una reunión con el propietario.**

2. **Dile por qué estás ahí y qué deseas lograr.** *"Estoy aquí para hablar sobre la pileta de mi baño, que ha estado goteando por meses. Mi objetivo es conseguir que el tema esté resuelto en un tiempo oportuno".*

3. **Presenta tu archivo.** *"Aquí está mi carpeta con las fotos que muestran el daño, y también las cartas certificadas que le he enviado informándole sobre la situación".*

4. **Deja que el propietario responda.** Escucha todo lo que tenga para decir antes de hablar. Si responde con excusas, amablemente recuérdale las leyes que está quebrando. Recuerda, él cuenta con tu ignorancia.

5. Si el propietario acepta hacerse cargo del problema, acuerda una fecha y hora y pídele que lo escriba. Si no está de acuerdo en ponerlo por escrito, déjale saber que tú lo estás anotando en tu archivo.

6. Si no acepta arreglar el problema, déjale saber que entregarás tu archivo a las autoridades de la vivienda competentes.

Consejo: Si el/los problema(s) con tu propietario afecta(n) a otros inquilinos, considera la posibilidad de organizar una asociación de inquilinos (para acceder a información sobre cómo comenzar una asociación de inquilinos, consulta www.tentant.net). El número aumenta la fuerza, y aplicar presión al propietario como un edificio entero tiene más peso no solo con el propietario sino también con la ciudad. Arregla una reunión, toma nota de todos los temas tratados, y envía una copia al propietario. Déjale saber que tú estás hablando de negocios.

ROMPER EL CONTRATO

Botar al propietario porque quieres romper un contrato muy probablemente te hará susceptible de una penalidad, tal como perder tu depósito de seguridad o tener que pagar los meses que falten de tu contrato. De todos modos, si estás viviendo en un lugar que no está en condiciones de ser habitado, podrías tener el permiso legal para terminar tu contrato sin tener que pagar un céntimo. Consulta en www.fairhousinglaw.org/fair-housing-laws/laws/ para ver las leyes y los departamentos de seguridad de vivienda justa del estado. El sitio también brinda los nombres y números de ayudas legales y asociaciones de abogados que ayudan a las familias de bajos ingresos por honorarios mínimos o ninguno. Otro sitio web para consultar es el del Departamento de Vivienda y Desarrollo Urbano (Department of Housing and Urban Development), también conocido como HUD (www.hud.gov). Hace respetar las leyes federales de vivienda justa, que prohíben la discriminación. En situaciones en las que estás viviendo en un departamento con moho, sin calefacción o agua corriente, o en un edificio que es inseguro (con una unidad con la cerradura rota o con la luz del pasadizo que no funciona), el propietario podría estar muy bien violando la ley, lo que significaría que tu contrato ya no es legal ni vinculante.

MEDIADOR

Antes de llevar al propietario de tu departamento a la corte, pregunta si estaría dispuesto a sentarse con un mediador, una tercera persona neutral elegida por ambos, el inquilino y el propietario. Los mediadores se encuentran con las dos partes y formulan una solución voluntaria a la disputa; muchos están financiados públicamente y están disponibles gratuitamente o a un costo muy bajo. Para encontrar uno en tu zona, llama a la oficina del intendente o del gerente de la ciudad y solicita un mediador para que ayude a resolver una disputa con un propietario. También pueden encontrarse en las Páginas Amarillas bajo el título "servicios de mediación".

TE VEO EN LA CORTE

Ir a la corte debería ser siempre tu último recurso; de todos modos, si tus derechos han sido violados repetidamente y el propietario de tu departamento continúa sin hacer nada, debería ser una opción para aquellos de ustedes que se sientan abrumados. Buenas noticias: muchas cortes brindan servicios gratuitos que ayudan con el proceso, incluyendo a archivar tus papeles pertinentes. También puedes contactar bibliotecas legales y pedir referencias para servicios de asistencia legal gratuita o a bajos costo. Si decides ir a la corte, lleva tanta evidencia como sea posible, incluyendo los originales de todos los documentos. Lleva un testigo contigo si puedes. Si tu testigo no puede ir, haz que escriba una carta. La mayoría de las disputas con el propietario pueden ser arregladas en pequeñas cortes de reclamos, incluso recuperar tu depósito de seguridad. La suma máxima por la que puedes demandar difiere de estado a estado, pero usualmente abarca desde $3.000 a 10.000. La buena noticia es que iniciar una demanda es relativamente poco caro. Llama a tu corte local y pregunta cuál es el procedimiento. Visita www.nolo.com para acceder a mucha información sobre propietarios, abogados y proceso legal.

Si fuera necesario

UNIFORME

Únete al ejército y dile adiós a tu contrato. Dile al propietario de tu departamento que has recibido órdenes oficiales que te transfieren fuera del país; después menciona el Acta de Alivio Civil de Soldados y Marineros (Soldier's and Sailor's Civil Relief Act) que te permite romper un contrato. Hazle un saludo y retírate.

Guy Stilson

P. *¿Por qué algunas personas temen a los propietarios de sus departamentos?*

R. Los propietarios tienen mucho poder sobre sus inquilinos. La mayoría de la gente usa sus departamentos como su lugar para descansar, el lugar hacia donde pueden escapar de sus problemas. Pero cuando sus hogares están amenazados por desalojo, mantenimiento insuficiente, por un propietario intrusivo u otra cosa, los inquilinos no pueden descansar ni relajarse. Temen por la seguridad de una de las necesidades básicas de la vida: ¡cobijo!

P. *¿Cuál es el error más grande que la gente comete con los propietarios de sus departamentos?*

R. Hay un par de grandes errores que los inquilinos comúnmente cometen. Uno es no pagar la renta; otro es no pagar la renta completa a tiempo, especialmente cuando pagar con retraso se convierte en hábito. Esto puede resultar en honorarios tardíos, y a veces los propietarios desalojan a un inquilino que paga tarde porque un inquilino que paga tarde es un clavo.

P. *¿Cuáles son los problemas más comunes con los propietarios?*

R. El bajo mantenimiento. Esto es especialmente cierto para los propietarios "Mamá y Papá" que solo tienen una o dos propiedades. Con frecuencia no son gerentes inmobiliarios entrenados y a veces no quieren incurrir en gastos o hacerle frente al problema o arreglar pequeños problemas. Otros problemas comunes son los propietarios que se enojan con sus inquilinos y se sacan sus frustraciones sobre sus inquilinos.

P. *¿Cuál es la mejor forma de plantearle un problema a un propietario?*

R. Generalmente, la mejor forma de acercarse es con algo escrito, fechado y firmado, describiendo el problema, cómo te afecta y pidiéndole una solución específica. Conserva una copia de la nota para tener alguna prueba de cuándo y qué le dijiste al propietario. Sé directo y amable, y no amenaces o acuses. Si el problema continúa, puedes señalar ese hecho muy simplemente: "Tal como fue indicado en mi escrito del 4 de enero, el techo gotea. El agua cayó sobre algunas de mis ropas y las ha dañado. Por favor arregle el techo tan pronto como sea posible. Adjunto aquí una factura por $35 por la limpieza en tintorería de la ropa sobre la que goteó el techo; por favor reembólsemelos tan pronto como sea posible. He dejado de usar el guardarropa donde está la gotera, para evitar mayores daños, pero me gustaría poder usar ese guardarropa de nuevo pronto. Gracias".

Mucha gente quiere intimidar al propietario de su departamento e intenta hacerlo enviando una copia de las cartas de quejas a un abogado y escribiendo "cc: Sr. Abogado, ESQ.", o algo así al final de la carta. A algunas personas les gusta explicar en sus cartas que han hablado con un abogado o que conocen sus derechos o algo así. No veo la razón para hacer eso. Si tienes un propietario razonable, el hecho de que el propietario sepa que tienes un abogado no hará ninguna diferencia en la forma en que reaccione a tu carta. Si el propietario de tu departamento no es razonable, solo se enojará. En cualquiera de los dos casos, serás marcada como problema potencial y el propietario comenzará a alistar sus defensas y a llamar a sus abogados.

P. *¿Hay alguna ley que diga cuántos días tiene un propietario para arreglar un problema?*

R. Las leyes pueden variar de estado a estado e incluso de ciudad en ciudad, pero en la mayoría de los estados la respuesta es sí. Con frecuencia, al propietario se le da una cantidad de tiempo "razonable" para hacerse cargo del problema, y lo que es razonable puede depender del problema. La basura que se sale de un cesto de basura y cae sobre un pasillo generalmente puede ser arreglada bastante rápidamente, pero un techo que gotea en el medio del invierno cuando no hay ningún contratista de techo disponible puede llevar más tiempo.

P. *¿Qué puede hacer alguien después de que ha pasado el tiempo y no ha habido cambios?*

R. Eso depende de la ley que corresponda. Generalmente, el inquilino puede deducir una suma razonable del pago de la renta para compensar por la disminución de los servicios de la casa. Por ejemplo, si la calefacción no funciona, el inquilino podría estar justificado al retener el 30 por ciento de la renta (especialmente cuando hace frío). Es mejor verificar las leyes locales antes de retener cualquier cantidad de la renta, podría haber límites a los tipos de cosas por las cuales el inquilino puede retener, o podría haber un requerimiento de que el inquilino lo anuncie de algún modo antes de retener renta. Si vas a retener renta, asegúrate de enviar al propietario una nota con el pago parcial de la renta diciendo cuánto has retenido y por qué. Si has tratado de lograr que el propietario arregle el problema antes pero, no ha sido responsable, puedes relatar breve y amablemente esa historia en la nota.

P. *¿Cómo botas al propietario?*

R. Si tu contrato ha expirado o estás alquilando por mes, por semana o por día, es muy fácil; avísale y luego parte. Si estás en el medio de un contrato, puede ser un poquito más difícil. Eres legalmente responsable de pagar la renta durante el término completo del contrato. Esto suena funesto, pero hay pocas esperanzas. Incluso si tú rompes el contrato, el propietario tiene la obligación de tratar de mitigar sus daños; es decir, tiene que actuar razonablemente para volver a alquilar el departamento.

Siempre dale al propietario mucho aviso antes de mudarte fuera del departamento, aun si estás rompiendo el contrato. De ese modo el propietario puede poner en el mercado el departamento más pronto y tal vez incluso alguien esté listo para mudarse allí cuando tú te vayas, eliminando los daños de una renta perdida. Si puedes encontrar un inquilino calificado que te reemplace y presentas esa persona al dueño cuando le avisas sobre tu partida, eso sería maravilloso.

P. *¿Cuál es la mejor forma en que un inquilino puede permanecer informado y conocer sus derechos?*

R. Comenzaría con las organizaciones locales sobre derechos de inquilinos. Hay una cantidad de organizaciones de derechos de los inquilinos, particularmente en las grandes ciudades, y casi todas ellas mantienen sitios web actualizados. Muchas de las organizaciones de derechos de los inquilinos dan conferencias y talleres, usualmente gratis (los conferencistas son con frecuencia abogados especializados en los derechos de los inquilinos, que buscan nuevos clientes, pero estarán gustosos de ayudarte aún cuando no seas un cliente potencial). La mayoría de las ciudades que tienen control de renta harán que su ordenanza de control de renta esté disponible en la Internet y también tendrán un consejo de renta que puede llegar a tener su propio sitio web.

P. *¿Cuál es la mejor forma de asegurarte de que recibirás de vuelta tu depósito de seguridad?*

R. Avísale con suficiente tiempo antes de dejar tu departamento, aun si te estás yendo al final de tu contrato. Un aviso con treinta días de anticipación es habitualmente suficiente, pero un poquito más de tiempo generalmente es mejor. Hazlo por escrito y conserva una copia. Trata de programar un final de contrato con revisión del departamento con el dueño, de modo que ambos puedan revisar el lugar una vez que has sacado todas tus cosas. Puedes documentar las condiciones en que estaba el departamento en el momento de tu partida con fotografías o un video. Si el dueño trata de quedarse con un poco o todo tu depósito, exige una lista pormenorizada de las razones (el dueño del departamento está generalmente obligado por ley a proveértela dentro del plazo de algunas semanas después de que abandones el departamento). Revisa la lista. ¿Los reclamos son legítimos y razonables? Si es así, prepárate para que sean deducidos. Si no estás de acuerdo con las deducciones del propietario, escribe una carta. Recuerda, está dirigida al propietario pero está escrita para la corte, porque si no quedas satisfecha con la actitud del propietario aquí, el próximo paso es ir a la corte. Y finalmente, si quieres que el propietario te devuelva el depósito de seguridad, tienes que decirle adónde enviarlo. Esto puede parecer elemental, pero es muy común que la gente se olvide de hacerlo. Si no quieres que el propietario sepa dónde estás viviendo, haz que te lo envíe a la casa de un amigo o amiga tuyo/a.

P. *¿Cuándo debería un inquilino llevar al propietario a la corte?*

R. Si el propietario no te está tomando a ti o a tu problema seriamente y si no ves esfuerzo de buena fe de su parte para resolver el problema, entonces tienes la opción de demandarlo. Si esperas, puedes olvidarte de algún hecho crucial, puedes perder evidencias o tus testigos pueden olvidar algo. También, si esperas, la corte puede preguntarse por qué esperaste, tal vez el problema no es realmente tan grande después de todo. Cuando el problema aparece después de que el arrendamiento ha terminado –como cuando el propietario se está quedando sin derecho con parte de tu depósito de seguridad o tuviste que dejar el departamento porque estaba en condiciones terribles y quieres un reembolso parcial de la renta–, entonces no hay razón para demorarse en absoluto. Si el problema es uno pequeño y continúas viviendo en la unidad, entonces puede desear dilatar el asunto un poquito para proteger tu relación con el propietario. Pero ten en cuenta lo que la demora le dice al propietario: no piensas actuar para protegerte a ti misma. Esto podría hacer que la conducta del propietario empeorara aún más. ¿Y realmente quieres vivir en un lugar en el que el propietario no toma seriamente tus quejas?

P. *¿Quién fue mejor propietario, el Sr. Roper o el Sr. Furley?*

R. Tengo que decir que el Sr. Furley en ésta. El Sr. Roper no resultó ser bueno cuando se trató de resolver problemas. El Sr. Furley, por el contrario, fue receptivo, por no mencionar también que fue colorido. Nunca abandonó.

BOTALOPEDIA

▶ El propietario más famoso de la ciudad de New York, Donald Trump, botó a su compañera de la televisión, Carolyn Kepcher, de su programa *The Apprentice* en 2006.

▶ Norman Fell ganó un Globo de Oro por interpretar al propietario Sr. Roper en *Three's Company*.

▶ La existencia de propietarios que alquilan sus viviendas parece haber comenzado durante el Imperio Romano, cuando los campesinos estaban ligados a la tierra y dependían de sus señores propietarios para obtener protección.

▶ El Acta de Vivienda Justa (Fair Housing Act) fue firmada el 11 de abril de 1968, ¿por qué presidente?
   A. Richard Nixon
   B. Lyndon Johnson
   C. John F. Kennedy

La respuesta correcta es B: Lyndon Johnson.

nueve

LA AMIGA

Indicios de que es hora de botar a tu amiga

▸ Se va al baño cada vez que llega la cuenta.

▸ Te pasa ropa suya, pero nunca sin decirte: "Aquí tienes, toma esto. Es enorme para mí".

▸ Dice que eres su mejor amiga, pero ni siquiera sabe tu apellido.

▸ Su película favorita es *Single White Female*, y empieza a parecerse cada día más y más a ti.

▸ Eres una de sus diez personas de la suerte y te reenvía cadenas de cartas.

Mejores amigas por nunca

Mi primera mejor amiga se llamaba Sydney. Descubrí que éramos mejores amigas cuando ella lo anunció en la clase de tercer grado; yo acababa de mudarme a New Hampshire y estaba en el mercado para nuevas amigas. Sydney lo dejó claro en la muestra y cuenta del tercer período. Se paró, tomó mi mano, la sostuvo alto en el aire –en la forma en que un juez de boxeo sostiene la mano del boxeador cuando lo declara ganador– y me presentó como su "muestra". Después procedió a "contarle" a la clase que era a mí a quien hablaba. El día terminó en su casa, donde pinchó nuestros dedos índices con la aguja de coser de su mamá, los presionó con fuerza juntos y nos declaró "hermanas de sangre". El próximo día en la escuela, Sydney exhibió con regocijo su dedo índice (ahora envuelto en una bandita adhesiva) a todos los chicos que la adoraban en el patio.

Poco sospechaba ella que habría un poco de competencia dura por mi amistad. Yo era carne fresca, y los chicos hacían cola en el recreo para ser mis amigos. Yo era tan popular, en realidad, que brotaban las invitaciones para quedarme a dormir y para fiestas de cumpleaños. No podía decirse lo mismo de la pobre Sydney, que estaba tan enojada con mi calendario social popular que decidió mostrar su enojo arrancando de un tirón un poco de mi cabello.

Las cosas siguieron empeorando cuando, para que se fueran, se encargó de asustar a los otros chicos que se acercaban a mí en el patio de juegos de la escuela, algo que no me cayó bien. Yo temía pedirle que retrocediera por temor a que me patease en las canillas, de modo que mantenía mi boca cerrada. Los otros chicos me dijeron que la única forma en que podía hacer oficial el hecho de que ella ya no era mi mejor amiga –ni ninguna clase de amiga, en realidad– era tener una pelea en el patio de la escuela, pero yo no estaba dispuesta a tener nada de eso. No era mi estilo, para no mencionar que ella era al menos el doble de mi tamaño.

En lugar de eso, dejé de hablar con ella y no la invité a mi primera fiesta de chicas que se quedaron a dormir en casa. Desafortunadamente, eso no la detuvo y, de todos modos, apareció con su bolsa de dormir. Mis otras amigas le pidieron que se fuera, pero ella se rehusó. Claramente, yo estaba demasiado asustada como para pedírselo yo misma. Finalmente, después de una larga competencia de miradas sostenidas, ella dio su ultimátum. Ella se iría, pero solo después de que yo sostuviera una lucha de pulgar. Yo no veía la razón para sostener una lucha de pulgar, pero si eso es lo que se requería, entonces ¡arriba los pulgares!

La competencia empezó. "¡Uno, dos, tres, cuatro, declaro la guerra del pulgar!". Y de un solo tirón, Sydney dobló mi pulgar hacia atrás, esguinzándolo instantáneamente y forzándome a andar por todos lados por semanas con un yeso burbuja gigante. Y con eso, ella desapareció de mi vida para siempre.

Lo que aprendí

Yo le debería haber dicho a Sydney que no me gustaba que me arrancaran mechones de mi cabello y por esa razón no la invitaría a mi fiesta con chicas que se quedaban a dormir. Lo más probable es que ella no supiera que patear y tirar del cabello de alguien no es la forma de mantener una amiga.

He botado mi buena porción de amigas casuales a través de los años. A algunas las evitaba, a otras las arremetía con la esperanza de que ellas me botaran a mí. Incluso me he mudado a la otra punta del país sin avisarles a algunas de ellas. Pero los rompimientos más dolorosos y difíciles que he tenido que atravesar han sido con mis mejores amigas. Cuando era la que decidía botar a mi amiga, usualmente lo hacía de una de dos formas: ya sea, arremetía contra algo que no tenía nada que ver con aquello por lo que estaba enojada, o me volvía menos disponible para mi amiga e inventaba algún tipo de mentira piadosa, pensando que estaba cuidando sus sentimientos. Hablando con gente para escribir este capítulo y meditando nuevamente sobre todas las amigas que he botado, ahora me doy cuenta de que a pesar de tener las mejores intenciones, lo más probable es que haya lastimado mucho a mis ex amigas. Nadie merece andar por ahí sin saber qué hizo en una relación. Sydney, si estás leyendo esto, quiero decirte que lo siento.

Prepárate bien

▶ Escribe una lista de las cosas que no te gustan de una amiga. Después apártate de la lista por un día o dos.

▶ Cuando estés preparada, mira la lista nuevamente y revísala. ¿Estás irritada por el sonido de su voz, o su tono te llega como condescendiente, haciéndote sentir constantemente juzgada? No quieres perder a una buena amiga por un enojo superficial.

▶ Ten en cuenta la posibilidad de tomar una distancia temporaria. La ausencia hace que el corazón se vuelva más afectuoso. Permítete algún tiempo para reflexionar antes de tomar cualquier decisión final.

▶ Adviértele. Hazle alguna llamada de atención y explícale lo que te está molestando. Sé clara respecto a qué asunto te refieres y qué te gustaría que cambiase. Prepárate para que ella se tome la oportunidad de compartir las cosas que no le están gustando de ti.

- Piensa en otras amigas a quienes podría afectar el rompimiento. ¿Estás dispuesta a decirles adiós a esas amigas? Sé cuidadosa de no ponerlas en el medio.

- Ensaya lo que vas a decirle. No hables por nadie más que por ti misma. Puede llegar a ser tentador decir: "Yo no soy la única persona que siente de este modo", pero ese no es tu lugar. Si tu otra amiga tiene un problema, deja que ella lo hable por sí misma.

- Propón un lugar de encuentro potencial. Prueba con un parque, un café o un restaurante donde ninguna de las dos tenga una historia. Lo último que quieres es encontrarte con ella en tu lugar favorito para desayunar y después recordar a esa persona cada vez que entras.

- Haz que tu objetivo sea terminar todo de buen modo y no quemar ningún puente.

Cómo botarla

LOS LAZOS QUE YA NO UNEN

Las amistades vienen de muchas formas y tamaños diferentes. Mientras que las casuales no siempre requieren una gran cantidad de trabajo, las más personales a menudo lo requieren. Cuando rompas con una amiga cercana, junta coraje y díselo, de modo que no se sienta abandonada por ti. De todos modos, si tu amiga te ha traicionado, se acaban todas las apuestas.

Precaución: Sé amable. Es doloroso cuando rompen contigo; trata a tu amiga de la forma en que querrías ser tra-

tada. No se trata de culparla, sino de decirle adiós, de modo que sé tan honesta como puedas, di tu verdad y aderézala con dulzura.

PASOS

1. Llama y arregla para encontrarse o para tener una charla telefónica. Hazle saber a tu amiga que te gustaría charlar con ella sobre su amistad. Si ella te pregunta si hay algo que esté mal, dile que quieres hablar con ella abierta y honestamente sobre la relación. Evita entrar en alguna discusión seria en ese momento, ya que la gente con frecuencia reacciona con pánico.

2. Siéntate y agradécele por haber venido a encontrarse o por hablar contigo.

3. Comienza con un halago o con algo positivo. *"Eres una de las personas más divertidas que conozco"*.

4. Bótala. *"No encuentro ninguna forma fácil de decir esto, pero después de haber pensado cuidadosamente sobre nuestra relación, he decidido terminarla. Lo siento. Hay muchas cosas que voy a extrañar"*.

5. Deja que ella responda. Le debes la posibilidad de escuchar cómo se siente, pero eso no tiene por qué cambiar la forma en que tú te sientes. Sé fuerte. Ella querrá una explicación; dale tus razones más importantes. Recuerda, no es el momento para enseñarle ninguna lección. No es el momento de juzgarla ni culparla.

6. Hazte cargo de tu parte en la ruptura de la relación y pide disculpas por ella. Se necesita de dos generalmente, de modo que piensa sobre lo que has hecho para contribuir a la ruptura y reconócelo.

7. **Ponle un cierre a la conversación.** Es importante que no dejes lugar a ningún tipo de malentendidos. Este no es el momento para ser vaga, ya que eso simplemente le dará a ella razones para tener esperanza de que cambies de idea.

8. **Deséale lo mejor.**

BÁJALA DE CATEGORÍA

No todas las amistades tienen que ser blanco y negro. Prueba botar a tu amiga bajándola de amiga íntima a más que una conocida. Esta opción funciona bien para aquellas que desean romper con alguien que es parte de un círculo más grande de amigos. Una gran ventaja de bajar de grado es que siempre existe la posibilidad de levantar de grado, de modo que si en el futuro quieres remontarla otra vez, puedes.

La forma de cambiar la dinámica es no evitarla cuando te llama, sólo muéstrate menos disponible para reunirte. Prueba reunirte con ella cuando estén con amigos mutuos. La esperanza es disminuir el tiempo que pasan juntas sin que tu amiga lo note. Prepárate de todos modos para responder a sus preguntas si te las formula. Explícale que toda amistad pasa por transiciones y para ti este es uno de esos momentos. Si ella todavía quiere respuestas, dile lo que piensas con suavidad. Por ejemplo: "Estoy buscando una forma en que podamos permanecer una en la vida de la otra, pero de una forma que lleve menos tiempo, dado que mi plato está más que lleno en este momento".

QUERIDA AMIGA

Romper con una amiga que sea una mejor comunicadora de lo que eres tú es extradifícil, especialmente si temes cerrarte emocionalmente. En estos casos, está bien escribirle una carta o un *e-mail*.

Cuida al detalle tus palabras y deja que tu amiga te responda si necesita hacerlo. Ten presente que tener una conversación con tu amiga en persona te da la oportunidad de alcanzar una potencial comprensión que podría llevarte a decidir que no quieres botarla después de todo. Una carta o *e-mail* es más final. Si eso es lo que quieres, dale a tu amiga un cierre lo más definitivo posible. Deséale felicidad y déjale saber que cuando miras hacia atrás a su amistad, te concentrarás en los buenos momentos.

DESAPARECE LENTAMENTE

Es una elección popular para muchas, incluyéndome a mí misma en algún momento. La desaparición lenta debería usarse solo con amigas casuales; las amigas más cercanas tienden a no irse tan fácilmente, al menos no sin algún tipo de explicación. La desaparición lenta implica distanciarte dejando de responder los llamados telefónicos de tu amiga, ignorando sus mensajes de texto y correo electrónico, cancelando planes que han hecho entre las dos y deseando que ella finalmente entienda la situación y se vaya. El problema principal con este tipo de ruptura es que a menos que las dos quieran botarse una a otra, solo una de ustedes sabe que la relación se ha terminado. Esto significa que tu amiga muy probablemente te seguirá llamando hasta que obtenga una explicación. Prepárate para hacerlo más oficial si tu amiga te lo requiere.

Si fuera necesario

ANÓTENSE COMO INVITADAS EN *EL SHOW DE JERRY SPRINGER*
Nada dice tan completamente "Hemos terminado" como una audiencia de estudio en vivo. Visita www.JerrySpringerTV.com y fíjate para qué clase de *show* están seleccionando gente. ¿No ves un episodio de ex mejores amigas? ¿Por qué no sugerirlo? Los productores están esperando ansiosamente, buscando su próximo gran episodio.

¿ALGUIEN NECESITA TERAPIA DE PAREJA?
La terapia ha ayudado a salvar muchas relaciones; ¿por qué no dejar que salve la de ustedes? Dile a tu amiga que no eres feliz con su relación y sugiere que ambas trabajen sobre eso en terapia. Comenta que estás dispuesta a ir dos veces a la semana simplemente para comenzar, pero que estarás abierta a ir de tres a cuatro sesiones por semana. Sugiere ir a tomar un café después de tus sesiones para procesar los temas que aparecieron en sus consultas con el terapeuta.

LA LLAMADORA CONSTANTE
Si aun así no puedes sacarte de encima a tu amiga, llévala hasta un barranco sin salida, forzándola a ella a botarte a ti. Llámala constantemente, simplemente para hablar. Trata de monopolizar la conversación y cuando ella trate de intercalar una palabra en algún intersticio, habla al mismo tiempo que ella. Llámala a media noche y dile que no podías dormir porque no podías recordar su número favorito. Dos mil tres, ¿verdad? La noche siguiente, llámala de nuevo, esta vez diciéndole que no tienes idea de cuál es su plato *dim sum* favorito. ¿Bollitos de cerdo? Dale una semana y ella no te soportará más.

BotalopediA

▸ En 2005, las mejores amigas Nicole Richie y Paris Hilton se botaron una a la otra.

▸ El Día Nacional de la Amistad es el primer domingo de agosto y fue oficialmente declarado día feriado por el Congreso de los Estados Unidos en 1935.

▸ En 1997, las Naciones Unidas nombraron a Winnie the Pooh el Embajador de la Amistad en todo el mundo.

▸ La investigación muestra que los buenos amigos ayudan a vivir más tiempo. En realidad, los científicos australianos han demostrado que los amigos hacen más por la expectativa de vida de la gente que lo que puede hacer tu familia.

▸ De acuerdo a las investigaciones llevadas a cabo por la Universidad de Oregon, un tercio de todos los chicos preescolares tienen un amigo imaginario.

▸ ¿En qué año ganó "That´s What Friends Are For" el premio Grammy por la canción del año?
    A. 1985
    B. 1986
    C. 1987

La respuesta es B: 1986.

parte tres

CUIDA
TU TRABAJO

diez

EL ASISTENTE

Indicios de que es hora de botar a tu asistente

▶ Le pides que haga algo y te dice: "No, gracias, estoy bien".

▶ Lo oyes roncar en la habitación de al lado.

▶ Te pide un asistente.

▶ Sale a traerte algo de café… y vuelve dos horas más tarde sin el café y trayendo bolsas de cosas que ha comprado en Urban Outfitters.

▶ Llama diciendo que está enferma y no puede ir a trabajar. Enciendes la televisión y la ves bailando en la audiencia del programa *Ellen*.

Eso es todo

Yo solo he tenido un asistente personal. Su nombre era Papa Frita, y te diría su verdadero nombre, solo que nunca lo supe, dado que se lo había cambiado legalmente. En ese tiempo yo estaba produciendo videos musicales en Manhattan. Acababa de dejar el mundo de la filmación de documentales, un trabajo que –aunque estresante a su propio modo– no era nada comparado con la locura del mundo de los videos musicales, en el que los artistas demandaban cualquier cosa y todo y se rehusaban a recibir un no por respuesta.

En un trabajo tal, me sentaba a escuchar a un cantante de rap enormemente exitoso, mientras que él discutía su visión de su nuevo video musical. Era su debut como director y quería que fuese a lo grande: realmente grande. Estoy hablando de helicópteros, autos especiales, bailarines y pirotecnia. Estaba sentada garabateando mis notas con furia, asegurándome de mostrar mi pánico con los ojos al productor ejecutivo en cada oportunidad que tenía. En una de esas miradas, le dije con mi boca: "No puedo hacer eso".

A lo cual se inclinó y susurró: "No te preocupes. Te conseguiré un asistente".

Un segundo después, desde el otro lado de la habitación, oí: "¡Yo lo haré!" Todos los ojos giraron hacia Papa Frita, de 6 pies, 3 pulgadas de alto en total y 280 libras. Tenía un *look* de hombre duro, con cicatrices en su rostro que estoy más que segura no provenían del acné. Era un miembro de la pandilla del cantante de rap.

"Hecho", dijo el cantante. "Este es Papa Frita. Ahora, hace un calor del infierno aquí y me quiero ir a casa. ¿Qué viene ahora?".

"¡Espera!", grité, y a continuación me sonreí hasta que se me formaron hoyuelos. "Espera un segundo. Si no te importa, me sentiría más cómoda si entrevistara algunas otras personas antes...".

Pero no tuve la oportunidad de terminar mi oración, el productor ejecutivo me cortó con un "Estamos todos bien. Continúa. Papa Frita es maravilloso". ¿Discúlpame? ¡¿Qué pasó aquí?! Miré un poco más allá a Papa Frita, que estaba o sonriéndome o sacándose comida de sus dientes. Podría haber sido cualquiera de las dos cosas. El trato estaba hecho: Papa Frita comenzaría el día siguiente y me pasaría a buscar por casa a las 7:30 de la mañana.

A la mañana siguiente me desperté deseando ansiosamente saltar a un taxi para ir al trabajo. No estaba conteniendo la respiración ante la expectativa de que alguien llamado Papa Frita fuera realmente a aparecer a mi puerta. Pero a las 7:29 él estaba justo allí, con un café con leche y un bollito de arándanos. Desafortunadamente, los dos eran para él, pero estaba bien, llegaba a tiempo, y eso era todo lo que importaba.

Nuestro viaje al trabajo me tomó completamente con la guardia baja. Mirándolo jurarías que no hablaba mucho, pero durante ese viaje al trabajo no hizo otra cosa que hablar. Me dejó echarle una mirada a la vida de Papa Frita. Había crecido en el Bronx, vivía al lado del cantante de rap cuyo video estábamos haciendo, había sido criado por una madre soltera y una hermana mayor, y de bebé lloraba mucho. Su hermana, buscando una forma de lograr que dejara de llorar, le clavó una papa frita en su boca y el resto era historia. Aprendí muchas cosas de Papa Frita en esos veinte minutos; aprendí que aunque se presentaba a sí mismo al mundo como un duro, en realidad era un dulce con un corazón de oro. Me gustó. Me gustó en serio.

Desde el momento en que llegamos a la oficina, Papa Frita pisó tierra corriendo. Helicópteros, bailarines, locaciones: lo que quieras, lo hacía. Era mi hombre, jamás quejándose sobre las horas escandalosas que teníamos que trabajar. Días de veinte horas eran el estándar en esas primeras semanas. Pero lo estábamos haciendo, totalmente en sincronía. Éramos una pareja insólita los dos, pero lo hacíamos funcionar hermosamente. No pasó mucho tiempo antes de que nuestros compañeros de trabajo se hartaran de nuestro enojoso hábito de terminar uno las oraciones del otro. "¿Recuerdas aquel momento en que…?" y Papa Frita levantaba su mano y la dejaba caer, su versión de una risa. Cuando aparecía un obstáculo, Papa Frita afirmaba con su cabeza y decía: "Lo cubro". Después lo cubría. Era así de fácil.

Yo no habría sobrevivido esos meses de verano sin Papa Frita. Era mi roca, mi caballero en su armadura brillante. Pero cuando el verano se acercaba a su fin, los trabajos de videos musicales dejaron de llegar. Para cuando las hojas comenzaron a caer de los árboles, no había mucho para hacer en la oficina.

Después, en un día frío y amargo, mientras Papa Frita estaba afuera haciendo algo, mi jefe me hizo sentar para hablar sobre algo. Supe instantáneamente por la mirada en su rostro lo que se venía. Papa Frita tenía que ser despedido. Mi corazón se hundió. Mi jefe pensaba que dado que éramos tan cercanos, yo debería ser quien lo hiciera. Tenía razón, pero la muchacha de veinticuatro años dentro de mí simplemente no lo podía soportar. "¿Yo? No me parece. ¡No!", dije. Mi cabeza giraba. ¿Cómo despides al mejor asistente que existe? Asistente, guardián, Papa Frita era mi amigo. Había momentos en que yo sentía que lo estaba asistiendo a él. Conocía a su madre y a su hermana. ¡Habíamos estado en las trincheras juntos! Tenía el estómago descompuesto. No había forma en que pudiera hacerlo, de modo que le rogué a mi jefe hasta que accedió a hacerlo él. Yo sabía que me equivocaba.

A la mañana siguiente, estaba sentada en mi escritorio mirando mi café con leche y mi bollo de arándano (cortesía de Papa Frita). La puerta a nuestra diminuta sala de conferencias estaba cerrada, la misma habitación en la que por primera vez puse mis ojos en él. Cuando se abrió, apareció Papa Frita. Caminó lentamente hasta mi escritorio, me miró directo a los ojos, con el corazón roto. Respiró profundo, exhaló y dijo: "Pensé que éramos amigos". Me incorporé de un salto detrás de mi escritorio, con un deseo desesperado de abrazarlo, pero me contuve.

"¡Lo somos!", supliqué.

Pero él sacudió su cabeza consternado y respondió: "No. No lo somos".

Y con eso, Papa Frita salió por la puerta y de mi vida, para siempre.

Lo que aprendí

Después de Papa Frita, trabajé en unos pocos comerciales y videos musicales más antes de colgar mi sombrero de productora. En una cantidad de estos trabajos, tuve que ejercitar mi músculo de despedir personas. La forma en que lo hacía era asegurándome de que todos supieran cuál era su trabajo y qué se esperaba de él o ella desde el día número uno. Yo era su líder, sencilla y claramente. Si ellos aflojaban, los advertía, y si no podían corregir el problema, los despedía. Sí, yo, la chica que siempre evitaba las cosas, despedía gente.

No haber tenido el coraje de despedir a Papa Frita me carcomió durante meses. Hubo tantas veces en que simplemente quería levantar el teléfono y llamarlo. Pero nunca lo hice. Perdí a un amigo, y finalmente comprendí que el problema era que *éramos* amigos. Papa Frita y yo salimos y nos pusimos a trabajar sin ningún tipo de conversación sobre cuáles eran mis expectativas y límites. No podía despedirlo porque nunca me sentí realmente su jefa; ese era mi error, no el suyo. Cuando entrevistaba a asistentes y jefes para escribir este capítulo –algunos felices, otros no tan felices–, aprendí que las mejores relaciones son aquellas en las que los roles han sido definidos claramente. Unos pocos jefes con los que hablé incluso tienen controles con sus asistentes, asegurándose de ese modo que todos están en la misma página en todo momento. Es su oportunidad de aclarar el aire y progresar en lugar de aferrarse al resentimiento. Nunca volveré a cometer el error que cometí con Papa Frita. Te extraño, Papa Frita, y si estás leyendo esto, lamento haberte defraudado.

Prepárate bien

▸ Comienza llevando una lista de los problemas que tienes con tu asistente. Busca patrones con el tiempo.

▸ Estudia cada contrato firmado entre tú y tu asistente. Las demandas por malos despidos se están convirtiendo en un lugar común, de modo que consulta a un abogado si lo necesitas.

▸ Si tienes un departamento de Recursos Humanos, notifícale lo más pronto posible, ya que existen reglas específicas para manejar estas situaciones y Recursos Humanos generalmente necesita construir un caso en los papeles para justificar el despido.

▸ Dale a tu asistente al menos un aviso, citando ejemplos de cosas que está haciendo mal. Deja en claro que las cosas necesitan cambiar si quiere conservar su trabajo.

▸ Decide qué clase de indemnización deseas darle, así como también cualquier otro beneficio, si corresponde.

▶ Haz una copia de respaldo a todos los archivos de la computadora. Se sabe que los asistentes contrariados borran archivos por pura maldad.

▶ Prepárate para cambiar su contraseña en la computadora.

▶ Lleva un inventario de todos los elementos de la compañía que todavía están en su posesión, incluyendo tarjetas de crédito, teléfonos celulares, computadoras, autos de la compañía y llaves de la oficina. Decide cuál es el mejor momento para recuperarlas.

▶ Elige un día en que quieras que tu asistente se vaya: ¿dos semanas más adelante, o al final del día?

▶ Decide la hora y el lugar para botarla o botarlo. Los expertos sugieren el final del día, en un lugar neutral tal como una sala de conferencias. Esto le permite a tu asistente estar sola o solo para recomponerse.

▶ Proponte como objetivo que tu asistente se vaya con su ego intacto.

Cómo botarlo

¡PREPARADO, LISTO, FUERA!

Para este momento, ya le has dado a tu asistente al menos un aviso, de modo que a ella no debería sorprenderla totalmente que quieras hablarle. Recuerda, esto se trata de negocios, de modo que sé profesional. Emocionarse o dar excusas puede ser percibido como debilidad y falta de profesionalismo. Debes tener presente que otras personas van a saber cómo manejaste el despido de tu asistente, de modo que asegúrate de hacerlo adecuadamente. Habla en forma clara y directa, y muestra empatía.

PASOS

1. **Elige un momento y lugar para sentar a tu asistente.**

2. **Comienza con un halago o con algo positivo. Prueba con** *"Tu optimismo y actitud positiva han sido ciertamente una gran ventaja para nuestra oficina"*. **No comiences haciéndole una pregunta tal como:** *"¿Cómo están las cosas en casa?"*.

3. **Identifica los momentos en que le has hecho una advertencia. Prueba con:** *"De todos modos, como sabes, ha habido una cantidad de momentos en que te he señalado mi necesidad de _____"*.

4. **Menciona la importancia del tema. Prueba con:** *"Como sabes, el campo en el que estoy requiere de una gran cantidad de _____"*.

5. **Despídelo.** *"Desafortunadamente, dado que no he estado recibiendo eso de ti, me temo que tendré que dejarte ir"*. **Si puedes, ofrécele escribir una carta de recomendación.**

6. **Permítele a tu asistente que tenga su reacción, pero que no te absorba emocionalmente. Puede ser que no comprenda o que no esté de acuerdo con tu decisión, pero no tiene por qué hacerlo.** *"Esto simplemente no está funcionando, lo siento"*, **está bien. Esto se trata de negocios. Muestra compasión, pero no te sientas tan mal como para darle el trabajo de vuelta. Debes ser firme en tu decisión.**

SI TIENES RECURSOS HUMANOS O UN ESPECIALISTA EN DESPIDOS, ELLOS LO HARÁN POR TI

Si tienes un departamento de Recursos Humanos, hay posibilidades de que los empleados estén entrenados para manejar los despidos de los empleados y lo harán contigo o por ti. Si no tienes un equipo de Recursos Humanos, una forma de evitar una demanda por un despido incorrecto es recurrir a una firma consultora que se especialice en el despido de empleados. Puede ayudarte a limitar tu responsabilidad legal tanto como a estructurar los paquetes de pago de indemnización y entrenarte para despedir a tu asistente. Si todavía no puedes hacerlo, lo hará efectivamente por ti.

CONTRATA A UN ASISTENTE VIRTUAL

Los asistentes virtuales (VAs, por Virtual Assistant en inglés) están ganando popularidad. Son profesionales entrenados que trabajan desde otro lugar, ya sea en casa o en una oficina, algunos en ciudades a millas de distancia de donde resides. Los asistentes virtuales se comunican a través de correo electrónico, teléfono, fax, correo tradicional o diskette, además de usar herramientas basadas en la web, tales como mensajes inmediatos. La mayoría maneja procesadores de palabra básicos, contestadores telefónicos, pagos de cuentas, organización de citas y mantenimiento de agenda, pero puedes entrenarlos para ir más allá de las tareas administrativas para el desarrollo de clientes y apoyo de mercadeo. Para mayor información, visita www.ivaa.org. El sitio te ayudará a localizar un asistente virtual que sea correcto para ti. Después bota a tu asistente actual diciéndole que debido a recortes económicos han contratado un asistente virtual para que se haga cargo de su puesto.

Si fuera necesario

EL SECRETO

Cómprale un ejemplar de *El secreto* a tu asistente y dile que empiece a visualizar un nuevo trabajo porque ya no tiene uno en tu oficina.

BOTALOPEDIA

▸ El *Wall Street Journal* informó que el legendario productor de cine Scout Rudin ha botado 250 asistentes personales.

▸ El *New York Times* informó que en 2006, Radio Shack despidió 400 empleados en sus oficinas centrales en Fort Worth por medio de un correo electrónico que decía: "La notificación de reducción de personal está actualmente en progreso. Desafortunadamente, tu puesto es uno de los que han sido eliminados".

▸ El Día de los Profesionales Administrativos, previamente conocido como el Día Nacional de la Secretaria, fue creado en 1952 por Harry F. Klemfuss de la firma de publicidad Young and Rubicam. Se celebra el miércoles de la última semana completa de abril, y reconoce el trabajo de secretarias, asistentes administrativas y recepcionistas.

once

EL COMPAÑERO DE TRABAJO

Indicios de que es hora de botar a tu compañero de trabajo

▸ Hace sonar su lapicera con la melodía de "The Star-Spangled Banner".

▸ Se saca comida de sus dientes durante todo el día, también al son de la melodía de "The Star-Spangled Banner".

▸ Se corta las uñas y tira los recortes por arriba de su pared del cubículo y caen sobre tu pila de papeles.

▸ Llama a todos en la oficina o Joanie o Chachi.

▸ Entras a la cocina de la oficina y lo encuentras tomando leche del cartón.

Preocúpate por lo tuyo

En el verano anterior a entrar a la universidad, yo trabajaba para un servicio de respuesta telefónica en New Hampshire. Esto implicaba sentarse en un cubículo frente a la pantalla de una computadora y esperar pacientemente a que la gente llamara a negocios locales cuyos teléfonos eran reorientados a nuestras pantallas. Las reglas no escritas eran relativamente simples; la cháchara era para la sala de recreo, y hablar en el piso debía limitarse a un mínimo.

Las cosas estaban fluyendo maravillosamente hasta que Konnie "con K" apareció. Sí, Konnie con K. Konnie con K era la mujer más agresivamente incompetente que alguna vez haya conocido. Hablaba con un espeso acento de New Hampshire que solo una madre podía amar, y, casualmente, Konnie con K vivía con su madre.

Para aquellos que no estén familiarizados con el acento de New Hampshire, prueben dejando caer completamente la letra "R" de su vocabulario y tendrán una idea muy aproximada. Por ejemplo, yo pensaba que el apellido de Konnie era Mah hasta que lo vi escrito y me di cuenta que realmente era Moore.

Se corría el rumor en la oficina de que la boca de Konnie no se cerraba por algún problema anatómico. Incluso mientras esperaba que sonara el teléfono, se sentaba con su boca abierta como si estuviera esperando atrapar una uva lanzada por algún compañero desde la otra punta de la habitación. Konnie tenía cero interés en las reglas de la oficina, hablaba a y de todos, sin importarle si estaban escuchándola. Hablaba sobre su mamá: "Oh, mi má es fabulosa. Es una ganadora, que tiene artritis y todo eso, quiero decir, nada la detiene".

A Konnie también le encantaba hablar de su novio, Stevie, y de qué gran "amoo" era. Pero su favorito "amoocito" era su gatita, Ángela Lansbury; resultó ser que Konnie tenía algo por *Murder, She Wrote*. Amaba tanto a su gatita que incluso tenía un pequeño tatuaje de ella en su tobillo, algo de lo que solo estaba tan orgullosa como para mostrarlo dos veces al día.

Cuando el teléfono no estaba sonando (y ella no nos estaba cansando con su bla bla bla sin sentido), Konnie hablaba como un bebé con Stevie y Ángela Landsbury. Yo probé decirle que las llamadas telefónicas estaban estrictamente prohibidas, pero ella espantaba con su mano, sin importarle ni yo ni nadie en la oficina. También tenía el estornudo más extraño que he oído. Cuando estornudaba, decía "Q" (pronunciado "kiu" en inglés). Sí, Q. Konnie con K estornudaba Qs, y nunca uno solo, siempre venían de a cinco.

Los días eran más largos y más frustrantes con Konnie trabajando a nuestro lado. Le dejamos varias notas pidiéndole amablemente que hiciera sus llamadas personales en la sala de descanso, ya que la constante distracción nos hacía difícil hacer nuestro trabajo, pero Konnie usaba nuestras notas para poner su goma de mascar usada antes de tirarla a la basura.

Un día, la voz de Konnie era tan alta que impedía al resto levantar el tubo del teléfono. Cuando gritó "Ahora, ¿puedes oírme?" por tercera vez, me levanté y me asomé inclinada a su cubículo; resultó ser que Konnie tenía su pieza para la boca en sus auriculares apuntando a la parte superior de su cabeza, en lugar de hacerlo directamente a su boca. Le expliqué la posición apropiada, pero a Konnie no le podía importar menos, explicando agresivamente que la forma en que ella lo tenía era realmente la apropiada.

Parecía que cuanto más tratábamos de darles indicaciones para que corrigiera su conducta disruptiva, más se enojaba. Finalmente, una de las mujeres con las que trabajaba habló con el supervisor sobre Konnie, pero este simplemente la miró sin comprender y dijo: "Cosa de chicas. Resuélvanlo".

Al día siguiente, puse un plan en acción del que no estoy orgullosa, pero el verano ya estaba dando la vuelta y yo estaba por partir para la universidad de todos modos. Cada noche, a las 11 en punto, un pervertido llamaba a las oficinas del médico (cuyo teléfono nosotros respondíamos) y nos preguntaba a las chicas qué teníamos puesto. Teníamos órdenes estrictas de cortar el teléfono inmediatamente si no queríamos ser despedidas. La gerencia sabía si estábamos obedeciendo, ya que las llamadas eran grabadas. A las 10:56 de la noche siguiente, Konnie estaba atrapada con un señuelo en la cocina con una invitación a disfrutar de un trozo de pastel de lima casero. Nunca rechazaría comida gratis, especialmente pastel, Konnie se levantó de un salto de su asiento. Esa era mi pista para saltar al cubículo de Konnie, en el que me planté en su silla y esperé a que sonara el teléfono. A las 11 de la noche, sonó el teléfono. Levanté el teléfono de Konnie y respondí con mi más espeso acento de New Hampshire, y en lugar de colgar, escuché. Lo escuché hablar acerca de lo que él estaba vistiendo; dónde estaba, lo que haría a continuación. Y seguí escuchando, lanzando un ocasional "fiuu" y "aaah". Tres minutos más tarde, el suplicio había terminado. Konnie con K fue despedida dos días mas tarde.

Casi como una gatita, Konnie cayó sobre sus pies. Oí que pronto después de que fue despedida, ella y su madre estaban vendiendo "Kollares para gato" con joyas en el centro comercial de New Hampshire.

Lo que aprendí

Debería haber hecho un esfuerzo mayor con Konnie y haber discutido en forma más productiva para que pudiésemos trabajar juntas, y no haber tomado la forma más fácil de liberarnos de ella y hacerla despedir. Me gustaría decir que fue porque tenía dieciocho años, pero la verdad es que podría haber hecho lo mismo seis meses atrás. No soy buena para esconder mis sentimientos cuando no me gusta alguien, como en este caso; revoleo los ojos, de modo que, a menos que seas ciego, sabrás si no me gustas. Me esfuerzo mucho para no ser tan determinante en mi pensamiento simplista, pero es difícil. He tenido montones de compañeros de trabajo irritantes en mi vida, y en demasiados de estos casos dejé que mi resentimiento creciera y creciera hasta que exploté. Algo no muy saludable y a veces incómodo.

Investigar para escribir este capítulo me ha mostrado que no tiene ninguna ventaja acumular resentimiento contra tu compañero de trabajo. La única forma de lograr que éste deje de hacer algo es hablar con él, no revolear tus ojos o suspirar. Muestra compasión y ten paciencia para recordarle amablemente en el momento en que se está comportando inadecuadamente, no lo ataques verbalmente. "Refrescarle la memoria" es como le gustaba llamarlo a mi nana.

Prepárate bien

▶ Antes de botar a tu compañero de trabajo, verifica con todos tus otros compañeros y asegúrate de que no eres la única que tiene un problema con él. Si ves que el resto de la oficina lo aprueba y se ríe de sus chistes, tal vez quieras preguntarte si tal vez tú eres la compañera fastidiosa.

▶ Documenta las cosas cuidadosamente, proveyendo tanta información como sea posible. Esto es especialmente útil para aquellos de ustedes que tienen compañeros de trabajo que son amados por sus superiores y se las arreglan para culparte a ti de todos sus errores. Llevando memos de tus compañeros de trabajo y sus errores, acumulas evidencia que puedes presentar en último caso si te descubres a ti misma sentada en la oficina del jefe teniendo que defenderte.

▶ Escribe una lista de cosas que hace tu compañero de trabajo que te molesta, teniendo presente que tu trabajo no es hacer una declaración tipo sábana sobre su personalidad. Sé específica sobre lo que él esté haciendo con lo que tienes problemas.

▶ Ahora logra una versión reducida. Tienes que dar tus batallas, de modo que apégate a tus grandes temas y deja que los otros ocupen el asiento de atrás.

▶ Pregúntate si hay algo que estés haciendo que aliente su conducta, y deja de hacerlo. Por ejemplo, si estás enojada por un compañero de trabajo charlatán, ¿le has estado prestando oídos?

▶ Ensaya lo que le dirás. Piensa en diferentes posibilidades y trata de adivinar la reacción que tendrá tu compañero y cuál es la mejor forma de manejarla.

▶ Prepárate para que tu compañero de trabajo saque su propia lista de problemas.

▶ No involucres al resto de la oficina. Esto es entre tú y tu compañero, y nadie más.

▶ Busca una ubicación neutral, lejos de los otros compañeros de trabajo.

▶ Sé clara respecto a que tu compañero no tiene que cambiar, simplemente tiene que cambiar la forma en que te trata.

Cómo botarlo

Precaución: Anda con cuidado, porque lo más probable es que tu compañero de trabajo no sepa lo que le está por suceder.

TENEMOS QUE HABLAR

Uno de los errores más comunes que comete la gente cuando se sienta con sus compañeros de trabajo es disculparse por sus palabras. Decirle a tu irritante compañero de trabajo que no tome como algo personal lo que estás diciendo, simplemente debilita tu mensaje. Mantén la conversación tan profesional como sea posible, sin perder nunca de vista el hecho de que él es un socio de negocios, no tu amigo, de modo que muestra respeto.

PASOS

1. **Dile a tu compañero de trabajo que te gustaría hablar con él en privado y pregúntale cuándo sería un buen momento para él.**

2. **Comienza con algo positivo o hazle algún halago. Por ejemplo:** *"Veo que has estado trabajando muy duro estas últimas semanas".*

3. **Presenta tus problemas y sugiere soluciones.** *"De todos modos, me gustaría hablar contigo sobre el nivel de ruido en nuestros cubículos. Cuando estás hablando por teléfono, tu voz llega hasta mi lugar y me dificulta concentrarme y hacer mi trabajo. Quería discutir esto en forma privada y ver si se nos ocurren algunas soluciones juntos".*

4. **Permítele responder. Ofrece una solución si es el caso.**

Por ejemplo: *"¿Qué tal si movemos nuestros escritorios para ver si eso elimina el problema y encontramos un volumen agradable para nuestras computadoras?".*

5. **Agradécele.** *"Me doy cuenta de que tal vez esto te esté tomando por sorpresa, y quiero que sepas cuánto agradezco tu ayuda".* Decir gracias tiene buenos resultados; *"Deja de hablar tan alto, energúmeno"* no.

MIENTRAS TÚ NO ESTÁS

Si la idea de sentarte con tu compañero de trabajo es demasiado intimidante, prueba escribiéndole una carta bien pensada. Elige tus palabras con cuidado, porque cualquier cosa escrita sobre papel dura para siempre, y si se la necesita, puede volverse evidencia.

LO QUE PUEDES ESCRIBIR:

Querido _____,
Mi deseo es que la oficina sea un lugar de trabajo productivo.
Dicho eso, me resulta difícil hacer mi trabajo cuando tú _____. Estoy segura de que no es tu intención, pero termina interfiriendo en mi trabajo. ¿Te molestaría si probáramos _____? Gracias por tu cooperación.

Atentamente,

_____

TRAIGAN AL PEZ GORDO

Si hablar con tu compañero y dejarle notas no está llevando a ningún lado, plantea el asunto a tu jefe, supervisor o responsable de recursos humanos. Anda con cautela, de todos modos, porque ahora va a quedar constancia de todo. Empieza con el pie derecho mostrándole a tu jefe o al responsable de recursos humanos que tu intención es encontrar una forma de resolver las cosas. Lo último que quieres es que los pesos pesados piensen que tú eres el empleado difícil o fastidioso. Prueba mencionando lo diferente que son sus estilos de trabajo y que para ti lo mejor sería tener tanta separación de tu compañero como sea posible, especialmente porque tu rendimiento en el trabajo es lo más importante para ti. Menciona que crear un poco de distancia, tal vez cambiando de piso, de cubículos o escritorios, te permitirá trabajar a un nivel más alto.

Si fuera necesario

EXPRÉSATE EN INTERNET

Annoyingcoworker.com es un sitio web en el que la gente puede publicar información sobre compañeros de trabajo y recibir respuesta de la comunidad de Internet. Crea un anuncio sobre tu compañero de trabajo y después, la próxima vez que todo el mundo de la oficina esté reunido junto al refrigerador de agua, di: "Ey, muchachos. ¿Han entrado a annoyingcoworker.com? ¡Es buenísimo !".

PESTE BUBÓNICA

¿Sabes lo que es realmente una porquería? Tener la peste. Dile a tu compañero de trabajo que tienes la peste bubónica y que probablemente sería una buena idea si mantuviese alguna distancia. Ten una mascarilla de cirugía a mano.

Botalopedia

▸ Mickey Rourke fue botado una vez del cine en el que trabajaba por pelearse con un compañero de trabajo.

▸ Careerbuilder.com entrevistó a 5.700 trabajadores de oficina y descubrió que el 45 por ciento de ellos admitió quedarse dormido en el trabajo.

▸ La misma encuesta encontró que el 44 por ciento de los hombres había besado a una compañera de trabajo, mientras que solo el 34 por ciento de las mujeres admitió haber besado a un compañero.

▸ *Munchausen at Work* es un desorden psicológico en el que un empleado fabrica un problema ficticio en el trabajo para plantear una solución y obtener reconocimiento de sus superiores.

doce

EL JEFE

Indicios de que es hora de botar a tu jefe

▶ Te pregunta a *ti* cómo hacer *su* trabajo.

▶ Se ríe cuando le pides un aumento.

▶ Te da una fiesta sorpresa en su oficina para tu cumpleaños, después echa a todos antes de que apagues las velitas.

▶ Pone café en su whisky de la mañana.

▶ Te dice que necesita que esto esté terminado para las 8 de la mañana… y se señala su entrepierna.

Deja de ser tan mandón

Durante la primavera de mi último año en la universidad, tuve una entrevista para un trabajo de mediodía en una compañía de producción de documentales en Manhattan. El trabajo implicaba hacer un montón de tareas para el gruñido –responder teléfonos, hacer copias y repartir paquetes–, pero la retribución era que podía participar de todo el rodaje de películas. Mientras que la mayoría de mis otros amigos trabajaban como esclavos en sus escritorios, yo estaba afuera en las trincheras empapada hasta los codos en la producción de películas. Y le debía todo a Sheila, una de las productoras ejecutivas, que era mi jefe y mentora. Se desvivía para asegurarse de que yo fuera parte de todos los pasos de la producción: pruebas de escritura, participar de las reuniones de lanzamiento, estar en el rodaje de la película, y último pero no lo menos importante, editar. Hacer documentales era su vida, y estaba tan ansiosa de hablar sobre sus experiencias. Yo era su esponja, absorbiendo cada minuto de todo eso. Cuando me ofreció llevarme a cenar para celebrar mi primer día de filmación, salté, nunca había tenido un jefe que me hubiera invitado a salir a comer. Estaba más que emocionada.

Lo que no me emocionaba, de todos modos, era cuánto me requería Sheila fuera del trabajo. Según resultó, mi mentora estaba realmente sola y necesitando desesperadamente una amiga. Yo tenía un tiempo suficientemente duro haciendo malabares con los últimos meses en la universidad, una relación y mis amigos reales. "Ey, ¿qué dices si vamos a ver qué tal está el Film Forum más tarde? Hay una retrospectiva de Fassbinder", dijo Sheila. No podía pensar en nada que quisiera hacer menos que ir a sentarme a ver una proyección de *The Marriage of Maria Braun*, pero yo era una jugadora del equipo, de modo que fui.

Pronto Sheila me estaba llamando para charlar tanto a casa como a mi teléfono celular, incluso cuando yo estaba trabajando en la habitación de al lado. No mucho tiempo después, comenzó a aparecer en la oficina con páginas sobadas y con orejas dobladas de las revistas *Time Out* y de *Village Voice* con una lista de cosas que ella quería que hiciéramos juntas. Yo, su nueva mejor amiga. No sólo yo ya tenía una mejor amiga (a quien apenas podía ver), también tenía un novio. Si cualquier otra persona me hiciera esas demandas, le hubiera dicho que desapareciera, pero esto era diferente. Ella era mi jefe. No tenía opción, tenía que hacerlo funcionar.

Desde las películas hasta las cenas y las citas románticas, Sheila estaba presente e informada. Mi novio, que al principio se divertía con toda la situación, rápidamente se cansó de ella. Le gustaba Sheila. ¿Cómo podía no gustarle? Era interesante, inteligente y divertida. Pero con el tiempo afectó nuestra relación. Empezamos a discutir más, y la mayor parte de las veces era sobre Sheila. Era tiempo de hacer algo, y rápido.

La primera cosa que supe fue que tenía que encontrar una forma de separarme emocionalmente de Sheila sin dejar que ella se diera cuenta de lo que estaba haciendo. A continuación, tenía que llenar su tiempo libre. Me senté a meditar sobre ese tema por un tiempo. Y entonces se me hizo claro; ¿qué era lo que Sheila necesitaba más? ¡Amigos! Eso es. Haría que mi prioridad fuera presentarle tanta gente como fuera posible. Al día siguiente, empecé a presentarle a todas las personas que conocía. Amigos, amigos de amigos, padres de amigos, a quien se te ocurra. Yo le conseguía sus citas: era su celestina si quieres.

Un mes más tarde, el Proyecto Botar a Sheila fue declarado un éxito total. Cuando Sheila no estaba saliendo con uno de sus nuevos amigos, estaba invirtiendo tiempo en investigar las cosas que podía hacer la próxima vez que tuviera planes. Simultáneamente, yo estaba disminuyendo mis contactos después de hora con ella, cambiando los planes para ir a cenar por cafés durante los descansos en el trabajo y las llamadas telefónicas por mensajes de texto. La mejor parte de todo era que ella no tenía idea de lo que yo estaba haciendo. En un mes, yo había recuperado mi vida y podía volver al trabajo que amaba sin tener que preocuparme por ser amarrada a la cadera de mi jefa. Durante los próximos años, fui feliz haciendo documentales y amé cada minuto de ello. Sheila y yo nos poníamos al día cuando podíamos, pero ella tenía sus manos llenas con su círculo de amigos y con su nueva asistente de producción de mediodía, que seguía a Sheila de cerca por toda la oficina. Sheila no podía estar más feliz... y tampoco yo.

Lo que aprendí

Desearía haber puesto límites antes con Sheila en lugar de preocuparme tanto por ser vista como parte del equipo. Mucho de eso tenía que ver con mi falta de experiencia de vida y de trabajo. Ahora sé que ninguna Sheila entrará en mi vida. Tendré más control de la situación desde el comienzo y rechazaré amablemente invitaciones a salir. Mientras que algunos de nosotros nos volvemos amigos de nuestros compañeros de trabajo, debemos ser cuidadosos cuando la persona que persigue nuestra amistad es un superior. Para no mencionar que conservar los límites claros hace que sea más fácil renunciar, dado que la relación se ha mantenido en un plano profesional.

Los jefes saben cuando contratan empleados que llegará el día en que nos iremos. Yo fui afortunada porque en el caso de Sheila pude pensar en un plan, que posibilitó que ella dejara de estar concentrada en mí y se concentrara en otra gente. Pero habría sido mucho más fácil si nunca nos hubiésemos convertido en amigas en primer lugar. Al menos, yo nunca habría tenido que sufrir otra proyección de *The Marriage of Maria Braun*.

Prepárate bien

▸ Estudia el manual de la compañía y asegúrate de seguir el protocolo adecuado.

▸ Abstente de chismorrear sobre tu jefe en la oficina.

▸ No le des a tu jefe ninguna razón para despedirte primero. Sé la persona que está en control de tu futuro, no le des el control a tu jefe.

▸ Lleva tu desenvolvimiento en el trabajo al máximo de tu eficiencia. Simplemente porque estás a punto de renunciar no significa que tengas que desentenderte de todas tus responsabilidades presentes. Termina con orgullo, dejando a tu jefe con un recuerdo positivo de cuán bueno eras en tu trabajo.

▸ Si tu jefe también es tu mentor, manéjate con cautela. Comienza desprendiéndote del compromiso con él lentamente. Elige los descansos para el café en lugar del almuerzo. En lugar de llamarlo para pedirle consejo, llama a otra persona.

▸ No les digas a tus compañeros de trabajo que has encontrado otro empleo, ya que la gente tiende a chismorrear en la oficina.

▸ Asegúrate de tener todo lo que necesites en una copia de respaldo o embalado.

▸ Avísale con suficiente anticipación; dos semanas es lo estándar. De todos modos, prepárate para que tu jefe te pida que te vayas el mismo día en que renuncias.

- Ensaya lo que le dirás a tu jefe. Practica con distintas posibilidades. Si tu jefe te ofrece más dinero para que te quedes, ¿lo harás? Decide con anticipación la suma por la que estarías dispuesta a quedarte.

- Revisa todos los papeles firmados en tu compañía actual para asegurarte de que no has firmado ningún acuerdo de no- competencia.

- Ten otro trabajo a la vista.

- Elige el momento y el lugar en el que planeas botar a tu jefe. Los expertos sugieren el viernes en la tarde, de modo que pueda tener el fin de semana para meditar sobre sus sentimientos.

- Haz que sea tu objetivo irte en buenos términos, es tu reputación la que está en juego.

Advertencia: En las compañías generalmente está mal visto que el empleado salte de empleo en empleo, de modo que piensa con cuidado antes de renunciar.

Consejo: Para aquellas de ustedes que quieran aprender más sobre sus derechos en su lugar de trabajo, visiten www.WorkingAmerican.org/askalawyer/ y hazle una pregunta a un abogado. Working America es una afiliada de la AFL-CIO. Su sitio web te permite explorar temas desde pagos y beneficios a discriminación y acoso, salud y seguridad, derechos de privacidad y estatus de empleo (lo que cubre despido, suspensiones, sanciones, compensaciones a los trabajadores y seguro de desempleo).

Tus derechos en el lugar de trabajo

1. Un lugar de trabajo seguro

2. Pago por horas extras.

3. Pago equitativo

4. Licencia familiar y médica

5. Un lugar de trabajo sin discriminación

6. Derechos a unirse a o formar un sindicato

7. Beneficios de desempleo

Cómo botarlo

¡RENUNCIO!
Has preparado el terreno; ahora estás listo para irte. Recuerda, no eres el primer empleado en avanzar, y no serás el último.

PASOS

1. **Hazle saber a tu jefe que tienes algo importante que discutir y pregúntale cuándo sería un buen momento para hablar con él. No le hagas la pregunta vía correo electrónico, ya que es difícil leer el tono correctamente. No quieres que tu jefe se acerque al encuentro con energía negativa.**

2. **Comienza con un halago o algo positivo. *"He aprendido de ti en estos últimos _____ años"*.**

3. **Renuncia.** No tienes que entrar en gran detalle, pero deberías explicar lo suficiente como para que él comprenda. Prepárate para que no esté de acuerdo con tu decisión. Sea lo que sea que él te diga, trata de no responder de un modo que implique buscar su aprobación. *"No hay una forma fácil de decir esto, pero es tiempo de seguir adelante para mí y de probar nuevas experiencias laborales"*.

4. Bríndale el tiempo necesario para contratar a una nueva persona y ofrécele tu ayuda para entrenar a este nuevo empleado.

5. Deja que tu jefe tenga una reacción, no trates de hacer que se sienta mejor. Deja que tenga sus sentimientos, escucha e intenta no ser reactivo.

6. **Agradécele por todo.** Esto es importante, incluso cuando ninguna parte de ti quiera agradecerle nada. Es lo que se debe hacer. Una vez que tu jefe ha aceptado tu renuncia, asegúrate de repasar cualquier asunto no terminado con él tal como días de vacaciones no usados, temas sobre el 401(k), beneficios de desempleo, COBRA, etc.

CARTA DE RENUNCIA

Bota a tu jefe presentando una carta de renuncia. Elige tus palabras cuidadosamente, ya que el documento de seguro quedará en tu archivo de empleado. Proponte mantener las cosas tan positivas como sea posible, expresando gratitud y aprecio. No hay necesidad de entrar en explicaciones detalladas. Si necesitas que tu jefe escuche algo que tienes para decirle, haz una cita con él y háblalo en persona.

Querido _____,

Esta carta de renuncia es para informarte que mi último día de trabajo en _____ será _____. Estoy abandonando la compañía _____. Gracias por la oportunidad y las experiencias.

Si tienes alguna pregunta, por favor siéntete libre de conectarte conmigo.

Saludos,

_____

GRACIAS POR TODO

Uno de los jefes más difíciles de botar es aquel que se ha convertido en un amigo y mentor. Es aún más difícil si te estás yendo para comenzar tu propia compañía, y una que competirá con la de ellos. Sé tan honesta como sea posible sin compartir demasiada información. Piensa que menos es más. Hablé con un hombre que era como un hijo para su jefe, pero cuando decidió largarse a volar y comenzar su propio negocio, decidió no decírselo. Llegó de algún modo la noticia a la oficina y el jefe lo supo. Estaba destrozado, no porque su empleado favorito y amigo se estuviera yendo, sino porque sintió que su confianza había sido traicionada.

Muéstrale aprecio a tu jefe, agradeciéndole por ser un ejemplo importante. Si es posible, mátalo con amabilidad. Comparte con él lo que has aprendido gracias a su guía. Un halago sentido y sincero instala un sentimiento positivo y te brinda la posibilidad de que él pueda sentirse feliz por ti. Si no le gusta tu decisión o no está de acuerdo con ella, muestra empatía, pero haz todo el esfuerzo posible por no ponerte emotivo. Esta conversación es sobre trabajo y debe permanecer lo más profesional posible.

RENUNCIA SIN RENUNCIAR

Cuando renunciar no es una opción y tienes que hacer que las cosas funcionen sin importar de qué modo, renuncia sin renunciar. ¿De qué diablos estoy hablando? ¿Cómo botas a tu jefe si no es renunciando? Bota tus viejas formas de manejarte con tu jefe a favor de una forma nueva y mejorada. Siéntate con él y haz borrón y cuenta nueva. Crea un nuevo ambiente de trabajo en el que los dos puedan convivir.

> **LO QUE DICES:** *"Mi trabajo significa mucho para mí. He estado sintiendo que no nos estamos conectando y tengo el deseo de intentar arreglar eso. ¿Hay algo que pueda hacer de modo diferente?".*

Abriendo la puerta a la comunicación, le muestras a tu jefe que te preocupas por tu trabajo y estás dispuesta a pelear por él. Algunos empleados con los que hablé estaban resentidos con sus jefes porque les hacían hacer cosas que sentían que estaban más allá de lo que requerían sus puestos. Sácate de encima ese resentimiento aclarando el aire. Por ejemplo, si tu jefe te está pidiendo que le retires su ropa de la tintorería, dile: "Me haría feliz retirar tu ropa de la tintorería cuando voy camino a casa después del trabajo esta noche. De todos modos, me gustaría tomarme un momento y asegurarme de que comprendo mis responsabilidades en el trabajo claramente, de modo que no haya confusiones en el futuro. Por ejemplo, no sabía que pasar a buscar tu ropa de la tintorería era parte de mi trabajo". Te sorprenderá saber cuántos jefes no saben cuándo han sobrepasado sus límites y podrían terminar disculpándose por pedirte que hagas cosas que ellos asumían que no te importaban.

¡JEFE EN VENTA!

¿Quieres botar a tu jefe y que te paguen por eso? Yellowjobs.com ha tenido una idea genial; "vende a tu jefe". Yellowjobs.com es una firma de búsqueda de personal internacional que te paga una suma de dinero por derivación si le consigues un trabajo a alguien como resultado de tu publicación. Esto significa que no solo logras decirle adiós a tu jefe sino que además te pagan por eso. ¡Ka-ching!

Si fuera necesario

TELEGRAMA CANTADO

¿Quieres asegurarte una salida que tu jefe nunca olvide? Envíale un telegrama cantado para que renuncie por ti.

CIRCO, CIRCO

Dile a tu jefe que has decidido hacer realidad tu sueño de la niñez de sumarte a un circo. Después haz malabares mientras te retiras de la oficina. ¿No tienes nada con qué hacer malabares? ¡Simula!

P. *¿Por qué la gente tiene tanto temor a botar a sus jefes?*

R. Tienen miedo de las repercusiones. Temen que si tratan de seguir adelante y dejar de trabajar con un jefe en particular, dañarán su reputación en la compañía o, Dios no lo permita, terminarán desempleados. Estas son, a propósito, preocupaciones razonables.

P. *¿Cuál es el error más grande que comete la gente cuando renuncia?*

R. Queman puentes. La mayoría de las industrias son más pequeñas de lo que piensas, y nunca sabes cuándo podrías tener que trabajar con estas personas nuevamente, o si alguna de ellas podría convertirse en tu cliente en el futuro.

P. *¿Cómo sabes si tu jefe se está preparando para botarte?*

R. Presta atención a las siguientes señales de advertencia: recibiste una mala crítica o fuiste puesta en período de prueba; no se te consulta sobre nuevos proyectos o no se te incluye en reuniones estratégicas, o tu jefe ha comenzado a darles tareas que son de tu responsabilidad a otras personas.

P. *¿Cuál es la mejor forma de botar a tu jefe?*

R. No lo hagas personal, incluso si lo es. Si estás cambiando de jefe o de departamento, almuerza con tu jefe y dile que has apreciado todo lo que ha hecho por ti, y que sabes que su guía te ayudará realmente cuando partas para aprender un nuevo conjunto de habilidades. Si estás dejando la compañía, asegúrate de que tu jefe sea el primero en saberlo, y haz todo lo que puedas para transferir tus responsabilidades cuidadosamente, de modo que tengan una percepción positiva de ti aunque te estés yendo.

P. *¿Hay algún momento o día de la semana en el que sea más conveniente botar a tu jefe?*
R. Elige un momento en que el nivel de estrés de tu jefe y su carga de trabajo sean tan manejables como sea posible y dile sobre qué quieres hablar, de modo que esté preparado. Un momento informal como el almuerzo con frecuencia funciona bien, porque permite que tengas una conversación que es más personal por naturaleza.

P. *¿Cuál es la mejor forma de salvar una relación con tu jefe de modo que no tengas que botarlo?*
R. Siéntate con él y mantén una conversación de corazón a corazón. Dile cómo te estás sintiendo y otórgale el beneficio de la duda. Pide una respuesta respecto de cómo pueden entre ambos mejorar la relación y trabajar juntos más efectivamente, y después dale una oportunidad de que haga bien las cosas.

P. *¿Por qué es tan difícil decirle que no a tu jefe, y cuál es la mejor forma de hacerlo?*
R. Es difícil decir que no porque la gente quiere que se la perciba como un empleado "que todo lo puede". En lugar de usar la palabra tan temida o de decir que no tienes tiempo, pídele a tu jefe que te ayude a priorizar tus diferentes obligaciones. Puedes decir algo como: "Me encantaría ocuparme de eso, pero hoy tengo que investigar sobre estadísticas para la presentación del cliente X. ¿Cuál de las dos tareas crees que debo hacer primero?".

P. *¿Puedes enseñarle sobre límites a tu jefe, o deberías dejarle eso a otra persona?*

R. Como regla general, déjale eso al gerente de tu jefe o a su esposa. La mayoría de las faltas de respeto a los límites –como si tu jefe te pregunta sobre tu vida personal, o te llama a casa durante el fin de semana– son fastidiosas, pero no son tan graves como para quebrar tratos. Puedes, de todos modos, fijar tus expectativas desde el momento en que empiezas a trabajar en cuanto a cómo planeas comportarte. Por ejemplo, si no quieres sentar un precedente por trabajar sin horario, deja que tu jefe vea que dejas la oficina a las 6 de la tarde y no respondas los correos electrónicos que te lleguen de él a la medianoche.

P. *Si tu jefe pone a Richard Marx a altísimos decibeles, ¿puedes decir algo?*

R. Sí, pero sé agradable. Di que recuerdas la canción, pero que tienes tantas ansias de cantarla que te estás distrayendo de tu trabajo. Solo pregúntale si le molestaría ponerla un poquito más bajo.

P. *¿Quién es el mejor jefe, Tony Danza o Bruce Springsteen?*

R. Bruce. Tony es un poquito demasiado frontal para mí, y Bruce parece ser mejor para alentar las contribuciones de los miembros de su banda. Después de todo, ha trabajado con las mismas personas durante décadas, ¡e incluso le permitió a una de ellas participar en *Los Soprano*!

Botalopedia

▶ De acuerdo a una encuesta reciente de *Gallup Management Journal*, 24 por ciento de los empleados de los Estados Unidos botarían a sus jefes si les dieran la oportunidad.

▶ El Día del Jefe es un día feriado secular que se celebra el 16 de octubre en los Estados Unidos. Fue registrado por primera vez en la Cámara de Comercio de los Estados Unidos en 1958 por Patricia Bays Haroski, que estaba trabajando como secretaria en la State Farm Insurance Company en Deerfield, Illinois.

▶ El apodo de Bruce Springsteen, "El Jefe", se originó en la década de 1960 cuando estaba dando un concierto en un club y tuvo que recolectar el pago por la noche de la banda y distribuirlo entre sus compañeros de banda.

▶ Quince millones de trabajadores americanos informaron que tienen malos jefes, y más de 50 millones dijeron que se sentían presionados a quedarse con un mal jefe por el debilitamiento de la economía, de acuerdo a una encuesta reciente de Lake Research Partners para Working America.

▶ Un gerente de una tienda Abercrombie&Fitch en Virginia Beach recibió una citación policial y una multa por rehusarse a sacar fotos de modelos *risqué* que colgaban de las paredes de la tienda. ¿La razón por la que no escuchaba a los agentes de policía? Su jefe le ordenó que exhibiera las fotos.

▶ De acuerdo a la decimotercera encuesta anual de "Attitudes in the American Workplace" (Actitudes en el lugar de trabajo de los Estados Unidos), el 10 por ciento de los empleados de los

Estados Unidos dicen que su compañía ha usado el correo electrónico para despedir o suspender a sus empleados. Otro 17 por ciento dijo que sus jefes usaban el correo electrónico para evitar conversaciones cara a cara.

trece

EL CHOFER DEL AUTO COMPARTIDO

Indicios de que es hora de botar al chofer del auto compartido

▶ Se olvida de pasarte a buscar.

▶ Apesta a bebida alcohólica a las 6:30 de la mañana.

▶ Está todo el tiempo lloriqueando: "¿Falta mucho? ¿Ya casi llegamos?".

▶ A cada rato deja caer sus pantalones y le muestra el trasero a otros autos.

▶ Te ves forzada a sentarte sobre un tapizado lleno de monedas, pasas de uva, cajas de jugo vacías y pelo de perro.

El cupo de este
vehículo ya llegó a su límite

Un verano me pidieron que trabajara para un programa en la televisión que era filmado en la hermosa isla de Kauai. El problema era que yo tendría que trabajar como local, lo que significaba que tendría que pagarme mi viaje en avión allí y mi propio hospedaje. Parecía un precio bajo de pagar, y como la suerte me acompañaba, un amigo de un amigo mío tenía un lugar para alquilar en la isla. Perfecto.

Lo que no era tan perfecto era que el departamento estaba a una buena media hora del lugar en el que estábamos filmando. Me imaginé que encontraría un auto barato para alquilar y que todo estaría bien. No fue así: lo que muy rápidamente descubrí fue que no existe algo así como un alquiler de autos baratos en Hawai. El costo del auto incluyendo el combustible habría sido igual a la suma de dinero que me pagarían mientras estuviera trabajando allí. Una buena noticia fue que alguien en uno de los lugares de alquiler sugirió que me fijara en un sitio web local para viajes en auto compartidos. Nunca había hecho algo así antes. En mi mente, compartir un viaje en auto era lo mismo que hacer dedo, lo que nunca haría. De todos modos, parecía ser mi única solución, de modo que me senté frente a mi computadora y encontré mi primer viaje. Oke era un botones del hotel en el que se estaba alojando todo el equipo, que estaba a una distancia del lugar en el que estábamos filmando que se podía hacer caminando. Después de hablar por teléfono, acordamos que me pasaría a buscar a las 6:30 de la mañana. A cambio del viaje, le pagaría mi parte del combustible. Parecía un plan maravilloso. Pero eso fue antes de que descubriera que las 6:30 hawaianas significaban en realidad "A cualquier hora que me parezca". Oke apareció justo antes de las 7 de la mañana, mi horario de entrada en el *set*. Acompañándolo en el auto estaba Pólipo, un *valet* del hotel que parecía que estaría más cómodo durmiendo en la playa o practicando *surf*. No podrían haber sido más dulces o relajados, y no hacían mención para nada de cuán tarde llegaban. Entré apretada en la parte de atrás junto a Keiki, la supersticiosa perra labrador dorada. Keiki solamente se sentaba directamente detrás de Oke. Si tratabas de moverla de ese lado del auto, le daba un ataque. Si sucedía que el auto daba alguna vuelta repentina, sus garras se aferraban al asiento temiendo por su vida.

Me puse lo más cómoda posible en el asiento trasero y comencé a respirar para liberarme de la ansiedad de saber que llegaría tarde el primer día de trabajo. No era un buen comienzo. La vista me ayudó a relajarme, y no tenía más opción que instalarme y disfrutar del viaje y de la conversación. Para aquellos de ustedes que no han estado en Hawai, tienen una forma particular de hablar que es mucho más relajada que el resto de los americanos, a quienes los hawaianos llaman "los continentales". Se reían de mi rapidez al hablar, típica de los neoyorquinos, sacudiendo sus cabezas y diciendo "Ustedes los continentales". Realmente nunca comprendí el chiste pero me reí con ellos de todos modos, porque no quería quedar afuera. Hablé con los muchachos sobre aparecer a tiempo, pero no hizo ninguna diferencia. No tuve otra opción que buscar otro auto para compartir. No quería perder el trabajo que apenas había comenzado.

El próximo fue Diminuto, que era cualquier cosa menos eso. Diminuto era un electricista en el hotel, y se daba la coincidencia que vivía a pocos metros del lugar en el que yo me estaba hospedando. Estaba cubierto de tatuajes, de pie a cabeza, y manejaba un viejo y baqueteado VW Bug que lucía como si se fuera a caer a pedazos. Le comenté a él sobre mis preocupaciones sobre la puntualidad, y él me aseguró que no habría problema: "Por siete años, he salido a las 6:30 de la mañana. Confía en mí, no llegaré tarde".

Diminuto fue fiel a su palabra. A las 6:30 de la mañana en punto, él estaba en el frente de mi casa. El problema era que estaba constantemente haciendo paradas: para comprar algo para comer, para comprar cigarrillos, y a ver a las señoras del lugar. Cuando Diminuto veía una mujer atractiva –o cualquier mujer, en realidad– disminuía la velocidad del auto, asentía con su cabeza y esperaba por algún tipo de reacción. Y cuando digo que esperaba, quiero decir cinco, diez, quince minutos. No estaba interesado en continuar hasta que obtuviera algún tipo de reconocimiento. La primera semana recibió cero reacción de cualquiera de las chicas que no fuera: "¡Sigue manejando, asqueroso!". Pero hacia el fin de la segunda semana, Diminuto reconoció a una de las chicas que estaba vistiendo la parte superior de un bikini escaso y un pareo.

"Aloha, Kaia", dijo Diminuto.

Kaia se aproximó al auto, e inclinándose lentamente dentro de la ventanilla, echó un vistazo. Después me lanzó una mirada y dijo: "¿Quién es tu amiga?".

Diminuto respondió: "¿Quién? ¿Ella? Nadie, una continental, sólo comparte el viaje. Confía en mí, Kaia, ¡ella no es ni por cerca tan atractiva como tú, Mahalo!". Y como si eso no fuese suficientemente malo, ella caminó después hacia mi lado del auto y abrió mi puerta. ¿Ja? El diminuto auto de Diminuto tenía dos asientos. Había un asiento trasero, pero no era adecuado más que para una pequeña bolsa de mercadería. Tanto Diminuto como Kaia estaban allí parados, mirándome, totalmente fastidiados. Diminuto me lanzó una mirada que decía "Pásate atrás o bájate", de modo que me exprimí para llegar a la diminuta grieta y sufrí durante los próximos veinte minutos de dolor insoportable.

Mi próximo chofer fue Ekeka, que trabajaba en los jardines del hotel. Me sentí aliviada cuando apareció a las 6:30 exactamente. Quería contarle sobre los locos chóferes que había tenido que padecer, pero en el mismo momento en que entré al auto Ekeka dejó en claro que prefería manejar en silencio. Dijo que el silencio le daba la posibilidad de prepararse para el día. Eso funcionaba para mí. Siete minutos más tarde, rompió el silencio. "Son las 6:37 de la mañana, estamos a punto de pasar por el negocio de *surf* de Popo". Un segundo más tarde lo hacíamos. Cuatro minutos más tarde: "Son las 6:41 de la mañana, ¡dile hola al Sr. Árbol de Bananas!". Y ciertamente, pasamos un maravilloso árbol frutal. No me importaba su conducta obsesiva compulsiva –la encontraba extrañamente simpática– hasta unos pocos días después, cuando le pregunté si se podría detener de modo que yo pudiese usar el baño. Para eso no estaba preparado. "¡Son las 6:47! No podemos detenernos. ¡Llegaremos tarde!". Me disculpé diciendo que solo sería un minuto, pero eso simplemente lo volvió más irritable a Ekeka, de modo que aceleró y pasó las próximas estaciones de gas a la velocidad del rayo. No habría ninguna parada y no habría más viajes con Ekeka.

Eso puso fin a mis viajes compartidos en Hawaii. Al día siguiente hice de tripas corazón y alquilé un auto extremadamente caro. Cuando todo estuvo dicho y cerrado, casi me quedo en la bancarrota, después de pagar por mi *bungalow*, auto, gas y vuelo. ¿Lo haría de nuevo? Absolutamente. ¿Has estado alguna vez en Kauai?

Lo que aprendí

Los viajes compartidos en Hawaii me enseñaron la importancia de repasar todas las reglas básicas antes de poner un pie en un auto. Yo elegí confiar en que todo funcionaría por sí mismo en lugar de formular preguntas sobre expectativas y etiqueta en los autos. Ese fue mi error. Aprendí que lo que es aceptable para mí no es necesariamente aceptable para otra persona. Investigando para este capítulo, descubrí que hay cientos de sitios web por ahí diseñados para reunir gente que comparta viajes. La más común en la lista de quejas de estos sitios y de los que manejan el auto en los viajes compartidos con quienes hablé, era la falta de reglas adecuadas para el auto. Cuando les pregunté a quienes habían estado en los viajes compartidos por más tiempo por qué no las implementaban ahora, la mayoría dijo que eran incómodas porque había pasado tanto tiempo. ¿Pero qué es peor: tener una conversación de cinco minutos o padecer un sufrimiento sin fin? Cuando está correctamente hablada y discutida en el más informal de los modos, la conversación sobre las reglas puede ser fácil e indolora. Hay posibilidades de que pase algún tiempo antes de que yo considere compartir un viaje nuevamente, especialmente porque vivo en Los Ángeles, una ciudad que está tan dispersa que tendría que compartir un viaje para llegar a los otros autos para un viaje compartido.

Prepárate bien

▶ Propón una lista de reglas para viajes compartidos y haz que todos los involucrados estén de acuerdo.

▶ Imprime las reglas y dale a cada involucrado una copia.

▶ Hazle saber a todos que la falta de adhesión a las reglas es razón de despido.

▶ Decide quién de entre los pasajeros de tu auto compartido va a llevar a cabo la acción y cuándo.

▶ Piensa cómo afectará tu vida botar a alguien del auto que compartes. Ten mucho cuidado si quieres botar a tu jefe de un viaje compartido.

Reglas del auto compartido

1. Hora de pasar a buscar: habla sobre el tiempo de espera apropiado. Los expertos sugieren que cinco minutos es suficiente tiempo de espera.

2. Fumar: ¿sí o no? Todos deben estar de acuerdo.

3. Estación de radio: ¿radio encendida o radio apagada?

4. Paradas: ninguna, o ¿está bien una parada ocasional en el almacén de provisiones o la tintorería?

5. Chismorreo: ¿no importa para nada o estrictamente prohibido?

6. Teléfonos celulares: ¿los oyes ahora o nunca? La mayoría de los expertos están de acuerdo en que los teléfonos celulares deberían ser solo para uso de emergencia.

7. Limpieza del automóvil: ¿tienes perros? Asegúrate de pasar la aspiradora o un cepillo y quita todos los pelos de animal antes de pasar a buscar a un compañero de viaje.

8. Comida y bebida: prohibido comer o beber a menos que se haga un acuerdo sobre el tema.

9. Fijar todos los costos reembolsables, tales como gas o peajes, por anticipado.

10. Diseñar un plan de respaldo en caso de que haya problemas médicos o mecánicos. Asegurarse de que todos tengan los

números de teléfono de la casa o números de teléfonos celulares de todos.

11. Arreglo de asiento: la regla general es que la gente más alta vaya en el asiento delantero, y que la gente más pequeña vaya atrás. O que roten.

Cómo botarlo

REGLAS DE RUTA

Con suerte, a esta altura todos los pasajeros del auto que compartes tienen una copia de las reglas del auto, de modo que no será una sorpresa para nadie cuando le des la patada.

> **LO QUE DICES:** *"Lamento ser quien porta la mala noticia, pero los pasajeros del auto hemos decidido entre todos que has quebrado las reglas con demasiada frecuencia, y vamos a tener que dejarte ir. Lo siento".*

> **PREPÁRATE PARA QUE ÉL DIGA:** *"Voy a esforzarme más, ¿por qué no me dan otra oportunidad?".*

> **ÚLTIMAS PALABRAS:** *"Pido disculpas, pero la decisión ya ha sido tomada y fue unánime".*

FINAL DEL VIAJE

Generalmente, el viaje compartido es un arreglo basado en la conveniencia, no en la amistad. Pero aun si te has convertido en amigo de un pasajero del auto, todos saben que un día el viaje se acabará. Llama al pasajero y, usando tan pocas palabras como te sea posible, déjale saber que es el final del camino. Abstente de entrar en especificaciones cuando te sea posible.

LO QUE DICES: *"Estoy llamando para hacerte saber que estoy terminando de compartir el viaje. Esta será la última semana. Lamento la inconveniencia".*

PREPÁRATE PARA QUE ÉL TE DIGA: *"¿Por qué? ¿Qué pasó?".*

ÚLTIMAS PALABRAS: *"Lo más importante fue que era demasiado difícil mantenernos organizados. Lo siento".*

Si fuera necesario

DEJA DE PASARLO A BUSCAR
Puede no ser el modo más agradable de botar a tu pasajero, pero olvidarte de pasarlo a buscar generalmente da resultado en el acto. Inventa cualquier excusa que se te ocurra, desde "Ups, me olvidé totalmente", a "¿Eso pasó hoy?". Cuanto más rara sea, mejor, ya que en los viajes compartidos se trata de llegar a tiempo. Debería botarte inmediatamente.

BOTALOPEDIA

▶ De acuerdo a AAA, cuesta aproximadamente $8.000 por año manejar un auto Sedan mediano por 15.000 millas.

▶ *Slugging* es un tipo de viaje compartido informal que se originó en Washington, D.C., por medio del cual los conductores pueden levantar extraños en ubicaciones específicas y usar el carril para vehículos llenos (HOV, por *high occupancy vehicle*).

▶ ¿Sabías que en algunas ciudades puedes hacer dinero compartiendo el viaje de tu auto? Toma el programa Atlantas Carpool Rewards (recompensas por compartir el auto de Atlanta), que les permite a los dueños del auto que se comparte entre tres o más, ganar tarjetas de gas por $20 a $60 por mes (dependiendo del número de pasajeros por auto).

▶ ¿Qué país de Europa fue el primero en introducir un carril para autos completos?

    A. Inglaterra
    B. Los Países Bajos
    C. Italia
    D. Alemania

La respuesta correcta es B: Los Países Bajos. En octubre 27 de 1993, el primer carril para autos completos fue inaugurado en el Rijksweg.

parte cuatro

MEJORAS
EN LA CASA

catorce

TU FAMILIA

Indicios de que es hora de botar a tu familia

▶ Solo te llaman cuando necesitan dinero, que es al menos cincuenta veces al día.

▶ Todos los domingos, la noche familiar es celebrada en prisión.

▶ Dejan las paradas de descanso en la autopista, sin ti.

▶ Tu madre te pregunta por qué no puedes ser más como Chris... y tú eres Chris.

▶ Hacen que los Jackson parezcan funcionales.

Familia injusta

El nombre Stanley significa "Pradera que es pedregosa". La razón por la que lo sé es porque tengo un pariente lejano, Stanley, quien, cuando quiera que lo veía en las reuniones familiares, me preguntaba qué significaba su nombre al menos dos o tres veces por noche. Pero no era su gusto por los juegos estrafalarios lo que hacía que Stanley fuera tan memorable; sino su enorme altura. Era un poco más de 6 pies y 7 pulgadas de alto. Siempre me sentí confundida en cuanto a que fuera pariente mío, ya que nadie en mi familia midió ni una pulgada más de 6 pies de alto.

La mayoría de los hombres altos tienen que esforzarse en la pista de baile; de todos modos no era ese el caso de Stanley. Realmente podía bailar, y cuando digo bailar, quiero decir que podía bailar cualquier ritmo. Vals, tango, disco, hip hop, lo que se te ocurra, Stanley podía hacerlo. En realidad, a comienzos de los años setenta, vendió una cinta de video que mostraba a Stanley enseñando a la gente a bailar ubicando huellas de zapatos en vinilo en el piso, cada una con su propio número. Stanley bailaba mientras gritaba los números para la gente que estaba en casa, que luego pisaría sobre los recortes correspondientes y bailaría con él. Fue un gran éxito, hasta que algún bailarín famoso copió la idea de Stanley y lo sacó del negocio.

Pero el ritmo continuó, y Stanley siguió sacudiendo sus caderas y enseñándole a la gente a bailar, incluso a mí. Stanley me enseñó una danza rad de la nueva onda en el *bat mitzvah* de mi prima Rachel, que estuvo basado en Duran Duran. La canción era *Notorious*, y por primera vez me conecté realmente con Stanley. Tal vez un poquito demasiado. Justo cuando terminaba de mostrarme un movimiento slam con inclinación de cabeza, anunció con orgullo: "¡Eso es, Jodyne! Ahora puedes bailar exactamente igual de bien que todos los otros negritos". ¡¿Qué?! Sentía como si alguien me hubiese pateado en la barriga. No podía creer que Stanley pudiera decir algo tan ofensivo. Vengo de una larga tradición de liberales progresivos que no toleran el racismo. No mi familia. Horrorizada, corrí hacia mi papá, sabiendo que él estaría tan disgustado como estaba yo. Lo imaginé tomando resueltamente el micrófono y avergonzando a Stanley frente a toda la familia. Como mínimo, le daría a Stanley un buen golpe en la cara a la vieja usanza.

En lugar de eso, mi papá dijo: "¡Eso es ridículo! ¡Somos judíos! ¡Los judíos no somos racistas! Simplemente sucede que es difícil oírlo porque es tan alto".

Han pasado más de quince años desde que vi por última vez a Stanley. De todos modos, sigue viviendo entre mis hermanas y yo, como cuando alguien dice algo referido al color, nos miramos unas a otras y decimos: "Mira quién está pareciendo a un Stanley".

En cuanto a mi padre, continuó rehusándose a creer que Stanley tuviese alguna costilla racista en su cuerpo. De todos modos, eso cambió el último otoño, cuando Stanley invitó a mis padres a cenar a su casa. Resultó que, mientras les hacía conocer la casa, señaló una pared extraordinariamente alta en su patio trasero y dijo: "La pared tuvo que ser así de alta para evitar que todos los sucios espaldas mojadas la puedan trepar". Mi papá casi se desmaya, botó a Stanley en ese preciso momento, tomó con fuerza la mano de mi madre y salió corriendo sin siquiera hacer una pausa para cenar. Solo le llevó quince años darse cuenta.

Lo que aprendí

Mi familia no "bota". Lo único que practica es la negación. Mi hermana una vez botó a mi padre negándose a hablarle por seis meses, y mi papá se convenció de que era simplemente porque estaba ocupada. Pero las cosas son diferentes hoy, al menos en mi familia más cercana. Si uno de nosotros siquiera pensara en botar a otro miembro de la familia, el resto no lo permitiría. Se abordarían aviones, se discarían números de teléfono, se haría cualquier cosa y todas las cosas necesarias para evitar que sucediera. Podemos ser una familia infernalmente disfuncional, pero estamos condenadamente seguros de que nadie botará a nadie de aquí en adelante.

Pero somos afortunados. Muchas familias no se llevan bien. Hablé con mucha gente que no se había comunicado con ciertos miembros de la familia por años. En muchos de estos casos, comprendía las razones; de todos modos, algunas de las personas con las que hablé no podían darme una razón sólida por la cual ya no se hablaban con sus hijos o abuelos o tíos y tías. Una gran cantidad de esas personas dijeron que colgaron el teléfono o les habían colgado el teléfono y eso era todo. No había una conversación de ida y vuelta, solo una discusión acalorada en la que ninguna de las personas se sintió escuchada. Y ese es el problema. Botar a tu familia es complicado, y cuando lo haces, le debes a la familia completa hacerlo bien, que significa tener una conversación formal o escribirles una carta explicándoles qué es lo que quieres que suceda y por qué.

En el caso de Stanley, si yo hubiese seguido viéndolo, estoy segura de que le habría dicho algo, tal como que el racismo o el odio de cualquier tipo es algo que no tolero. Lo que lamento es que yo haya esperado que mi padre hiciera algo en lugar de hacerlo yo misma.

Prepárate bien

▶ Escríbele al miembro de tu familia una carta. No tienes que enviarla, solo expresa todos tus sentimientos en papel.

▶ Define claramente lo que deseas que suceda cuando botes al miembro de tu familia. ¿Quieres cortar todos los lazos con esa persona para siempre, o solo por unos meses? ¿Qué hay de las llamadas telefónicas? ¿Estás abierta a tener una después de un mes, o no? ¿Está bien un correo electrónico o una tarjeta ocasional? ¿Qué hay acerca de los eventos familiares? ¿Van los dos o tienen que turnarse? Si los dos deciden ir, ¿qué tipo de interacción quieren tener: ninguna en absoluto, o un saludo informal? Piensa en cada situación en la que podrías ver a ese miembro de la familia y sé muy clara sobre lo que te gustaría que sucediera si ocurriese.

▶ Ten en cuenta una separación temporaria primero, que les da a todos un poco de tiempo para reflexionar y potencialmente arreglar el problema.

▶ Examina el impacto que tendrá el hecho de botar a un miembro de tu familia en el resto de tu familia. Por ejemplo, si dejas de comunicarte con tu padre y tienes un hijo, estarás privando a tu niño de una relación con su abuelo.

▶ Decide qué quieres saber de la persona de parte de los otros miembros de la familia. Después de botar al miembro de tu familia, asegúrate de decirles a todos aquellos afectados por tu decisión qué es lo que quieres o no quieres oír sobre el botado. Eso hará sentir más tranquilos a los otros miembros de la familia; además, asegúrate de no poner a esa persona en el medio o de hablar acerca de ella negativamente.

▶ Define tus propios límites. ¿Qué estás dispuesto a hacer o no hacer? Como los límites débiles no te han llevado a nada, deja de decir que sí cuando quieres decir no. Pon tus límites de una manera clara y firme. Cuando sea posible, ofrece soluciones. Ten en cuenta que tu familia seguramente no tiene idea que tú tienes un problema con ellos. No te preocupes. Esta es tu oportunidad para suavemente presentar tus límites. Si tu mamá te vive insistiendo que vayas a cenar todos los viernes por la noche, prueba decir: "Iré un viernes por mes". Si sigue sin entender, recuerda que ella no tiene que estar de acuerdo con tu decisión; por eso son tus límites y no los de ella. No hay necesidad de que te expliques. No está en ti ayudarla con lo que siente. Si todavía no sabes bien cuáles son tus límites, quédate quieto por un minuto. Pregúntale a tu cuerpo cómo se siente cuando alguien de tu familia hace algo que te molesta. Haz una lista si es necesario. ¿Hay algo que te de vuelta el estómago? Esa es tu respuesta. Ahí es donde debes acertar tu límite.

▶ Respeta y cumple tus límites. Digamos que tienes un miembro de la familia que te llama una y otra vez para decirte que como llevas tu vida, no le parece nada bien. Déjale saber que no quieres discutir esto con ella. Si hace de oídos sordos y sigue diciéndote lo mismo, dile que la próxima vez que ocurra le colgarás el teléfono. Y entonces, si vuelve a suceder, dile lo que está haciendo. Si continúa como siempre, anúnciale: "Voy a colgar el teléfono ahora", y luego cuélgalo. En ese momento, no ayudarías a nadie si te quedarás sin colgar. Respetar y hacer cumplir tus límites es tu responsabilidad; al principio se sentirá extraño, pero al final te sentirás más fuerte porque estarás honrando tu palabra. Decir que no es uno de los límites más poderosos; manda un mensaje claro de que tú existes fuera de la familia y que eres la persona que controla tu vida, no ella.

Consejo: Trata de crear una lista de respuestas a las cuales puedes recurrir, de manera que te asegures de que tu "no" quede bien claro. Por ejemplo, si tu papá te pide que la acompañes a tu hermana a comprar un vestido de novia, tú le respondes: "Lo siento, ya tengo planes". Y si te replica con un: "Pero ¿qué es más importante que ayudar a tu hermana?", tú le puedes decir: "Tengo planes. No quiere decir que no la quiera a mi hermana". Asegúrate que tu "no" sea firme.

▶ Aprende otras maneras para distanciarte emocionalmente de tu familia, como dejar que tu contestador atienda algunos de sus llamados o usar el identificador de llamadas. Hazte menos disponible a la persona de tu familia que te hace mal. Esto no es cuestión de evitarla, tiene que ver con aprender a no siempre decir que sí.

▶ Practica. Esto es todo un proceso, así que permítete el tiempo necesario para conllevar tu nuevo rol, y para que tu familia se pueda reajustar a esto también.

Consejo: Romper con un miembro de la familia tiene que ver con hacer c_____ambios positivos en tu vida, no con lastimar sus sentimientos o actuar llevada por la ira. Ni siquiera consideres botar a nadie en tu familia hasta que puedas discutir las cosas en voz calma y compuesta. Colgarle a alguien o rehusarse a hablar con esa persona es no enfrentar el problema y deja la situación turbia y poco clara. Deberías proponerte el objetivo de ser tan clara y honesta con el miembro de tu familia como te

sea posible, de modo que no haya lugar a los malentendidos. Esto provoca menos estrés para ambos, dado que nadie tiene que adivinar qué es lo que hizo mal.

Cómo botarlos

LOS TERAPEUTAS LO HACEN MEJOR

Tomar la decisión de botar a tu familia es difícil y a veces imposible de hacer sin ayuda, especialmente si tratas de proteger a otros miembros de la familia (incluyendo a tu esposo o hijos). Allí es donde un buen terapeuta puede hacer realmente una diferencia. No solo podrá ayudarte a procesar tus razones para querer botar a tu familia, también puede ayudarte a facilitar la conversación real en un ambiente seguro. Al tener un tercero profesional, neutral, involucrado, se hace posible que todas las voces sean oídas y que las cosas se mantengan en su curso. Un buen terapeuta también proporciona cobijo emocional y aliento para ayudarte a botar a un miembro tóxico de tu familia.

LOS VEO LUEGO

A veces, la única forma de botar a tu familia es mudarte físicamente. No tiene que ser una mudanza permanente, pero para aquellos de ustedes cuyas familias han amenazado su seguridad emocional o física –o que vienen de una familia que carece de límites y los hace sentir sofocados– una elección sólida es irse tan lejos de ellas como sea posible. Hablé con una mujer que había sido criada por una madre autoritaria, a donde quiera que ella se mudara en la ciudad, su madre aparecía sin anunciarse. Intentó con algunas mudanzas pequeñas en el transcurso de los años, pero su madre seguía haciendo pesar su presencia en la vida de esta mujer. Finalmente, a los treinta años de edad, botó a su madre mudándose al otro lado del país. No le dijo adónde se había mudado, sino que le dijo que se contactaría con ella una vez que se estableciera. Esto hizo enojar mucho a la madre, pero tres meses más tarde la hija llamó. Por primera vez en su vida, tenía la relación que siempre había querido con su madre. Eso fue hace más de diez años, y nunca ha estado más feliz, porque finalmente está viviendo la vida que quiere.

Consejo: Una separación física permite la reflexión sobre uno mismo y, con el tiempo, puede crear una dinámica de relación más saludable, haciendo más fácil la transición en caso de que decidas volver a mudarte de regreso en el futuro.

QUÉ DICES: *"He decidido crear algo de espacio entre nosotros para poder alcanzar una mayor perspectiva que es necesaria en nuestra relación. Te llamaré cuando esté lista".*

PRÉPARATE PARA QUE DIGA: *"¿Eh? ¿Qué significa eso?".*

ÚLTIMAS PALABRAS: *"Significa que me estoy mudando para hacer algunos cambios en mi relación contigo y para poner en orden mis pensamientos. No significa que no me importes ni que no te ame; solo significa que necesito que las cosas cambien, y que el cambio debe comenzar por mí".*

DESATADURAS FAMILIARES

Cuando has agotado tus opciones y la única forma de seguir adelante es cortando lazos con tu familia, tómate mucho tiempo y prepárate. Decide exactamente qué quieres decir y qué quieres que suceda antes de iniciar la conversación.

Advertencia: No te acerques a la conversación si todavía tienes una carga emocional.

PASOS

1. Comienza dándole al miembro de tu familia avisos de que te gustaría tener una conversación privada con ella/él sobre los dos. Si te pregunta qué está sucediendo, dile que has estado pensando mucho acerca de su relación y que te gustaría hablar con ella/él cuando esté lista/o y abierta/o para charlar. Déjale pensar que tú eres quien tiene el problema; simplemente evita entrar en la conversación en ese momento, ya que la adrenalina está generalmente alta. Con frecuencia ayuda que la otra persona tenga algo de tiempo para sentarse a meditar las cosas.

2. Siéntate con o llama a tu pariente y dile cuáles son tus problemas, asegurándote de citar ejemplos específicos. Esta conversación no es para atacar a ese miembro de tu familia; ya has tomado la decisión de botarlo, de modo que limítate a enumerar tus razones. Presenta las cosas de un modo que no la/o culpe sino que describa las cosas que ella/él dice o hace que te hacen sentir incómoda.

3. Dile lo que quieres que suceda. ¿Que no haya comunicación por seis meses? ¿Por un año? ¿Quieres simplemente que las dos tengan un tiempo para que por separado piensen sobre cómo hacer para tener una mejor relación? ¿Preferirías no verla/o nunca más? ¿Tener una llamada telefónica en un año? Sé específica.

4. Deja que te responda. Permanece tranquila y concentrada. Cuando la gente es lastimada, tiende a atacar, de modo que prepárate y haz todo el esfuerzo posible por

no entrar en una pelea. Intenta escuchar lo más que puedas y abstente de tener más diálogo a menos que sientas que está absolutamente garantizado.

5. **Ata los cabos sueltos.** Si hay reuniones familiares a las que concurrir (tales como bodas, vacaciones), revisa quiénes irán y qué tipo de interacción te gustaría tener si vieras a esa persona allí (o en cualquier otro lugar, en realidad). La razón de esta conversación es no dejar nada poco claro o turbio, de modo que cubre todas tus bases.

6. **Termina la conversación.** Un error común es continuar hablando por mucho tiempo después de que la razón ha sido expuesta, usualmente debido a los nervios. Haz todo lo que puedas para salir de la conversación tan pronto como te sea posible, preferentemente mientras esté todavía en un buen tono. Dependiendo de la situación, podrías querer agradecerle por comprenderte o disculparte, si has dañado sus sentimientos. Asegúrate de no colgarles el teléfono.

Si fuera necesario

MIRA QUIÉN NO HABLA

Dile a tu familia que has decidido darle a tu casilla de voz un descanso hasta nuevo aviso y fíjate cómo lo maneja tu familia. Bríndales lapiceras y papel. La esperanza es que finalmente te rueguen que comiences a hablar sobre lo que está mal y cómo pueden arreglarlo. Cuando eso suceda, usa tu lapicera y escribe una nota explicando qué necesitas que cambie para poder comenzar a hablar otra vez.

Sarah Silverman

COMEDIANTE GANADORA DEL PREMIO EMMY Y
ESTRELLA DEL *SARAH SILVERMAN PROGRAM*

También es mi hermana.

P. *¿Recuerdas la primera vez que fuiste botada?*

R. ¡¡Sí!! Estaba en tercer grado y Eric Arnold caminó altivamente hacia mí con Tom Wheeler a su lado. Lo vi viniendo hacia mí y sonreí. Él nunca aminoraba su marcha – simplemente siguió caminando rápido, pasó justo a mi lado y mientras pasaba apenas inclinó su cabeza hacia mi lado y me dijo "Estás botada" y siguió su camino. Fue impresionante.

P. *¿Cuál piensas tú, Sarah Silverman, que es la mejor forma de botar a un miembro de tu familia?*

R. Bien, he estado tratando de hablar contigo, Jodyne… Guau, un miembro de la familia. Hmmm, probablemente solo tendrías que matarlo.

P. *¿Piensas que cuando nuestra hermana Susie se mudó con toda su familia a Israel estaba tratando de botarnos?*

R. A mí me gusta pensar que se estaba mudando miles de millas hacia nosotros dando la vuelta.

P. *¿Cuáles son los indicios de que has sido botado por tu familia?*

R. Probablemente una falta de disponibilidad constante –nunca recibir respuesta en el teléfono– o respuestas a llamados que tú has hecho en horarios que ellos saben que tú no estás disponible.

P. *¿Alguna vez me has querido botar? ¿O has tratado, y yo fui demasiado corta como para darme cuenta?*

R. ¡¡No!! Bien, todavía no.

P. *Solo para saber; si algún día yo deseara botarte, ¿cómo te gustaría que lo hiciera?*

R. Probablemente tendrías que fingir que estás muerta para liberarte de mí.

BOTALOPEDIA

▶ En 1587, Elizabeth I botó a su prima Mary, reina de los escoceses, condenándola a muerte después de descubrir que Mary había estado investigando los efectos del envenenamiento con metales pesados en lazos familiares.

▶ *Irreconciliable Differences* es una película de 1984 en la que actúa Drew Barrymore interpretando a una niña pequeña que desea botar a sus padres divorciándolos.

▶ Family Day (Día de la Familia) es un feriado público en Sudáfrica, Australia y Canadá. Fue establecido para permitirles a los trabajadores tomarse el día y estar con sus familias.

▶ La costumbre de honrar a las madres se remonta a por lo menos la Inglaterra del siglo XVII, y se continúa celebrando en domingo el Día de la Madre.

▶ Durante el horario familiar, se emiten los programas de interés general dedicados a la familia. ¿Qué bloque es considerado la hora de la familia?

    A. 8:00 p.m.–11:00 p.m.
    B. 7:00 p.m.–10:00 p.m.
    C. 6:00 p.m.–9:00 p.m.

La respuesta es C: 6:00 p.m. – 9:00 p.m.

quince

LA NANA/NIÑERA

Indicios de que es hora de botar a tu nana/niñera

▸ Te pide una TV de pantalla plana con HBO para su habitación.

▸ No pasó a buscar a tus chicos porque necesitaba una tarde tranquila en casa… tu casa.

▸ Llegas a casa justo a tiempo para encontrar a su novio intentando escaparse por la puerta trasera, medio desnudo.

▸ Te dice que "la hora de visitas" se acabó y no te permite ver a tus chicos.

▸ Hace mezcla de frutos secos con tus píldoras recetadas.

Tiempo final

De acuerdo, de modo que no tuve exactamente que contratar a una nana, pero tuve que despedir a una. Déjame que te explique. Mi mejor amiga Leslie y yo nos reemplazamos una a la otra para hacer cosas que la otra no quiere hacer, como devolver ropa a Barneys sin factura, cambiar a proveedores de teléfonos celulares o despedir niñeras. Leslie, que tiene dos dulces niñas, cometió el error de contratar a una pésima nana. María fue contratada porque tenía brillantes recomendaciones de su empleador anterior, y porque las chicas de Leslie (de ocho meses y dos años) se apegaron a ella inmediatamente. A mí me encantó también, lo que dice mucho, dado que se ha dicho de mí que me erijo un poco como juez. María era amable, hablaba con suavidad y era una persona naturalmente generosa que amaba cantar. Cantaba como un ángel. Todo lo que tenía que hacer María era entrar a la habitación y la niña más pequeña de Leslie, Sophia, se encendía. Celosa ante esto, me avergüenza decirlo, me pasé más de una ocasión entrando y volviendo a entrar a una habitación, deseando obtener la misma reacción.

María no nos impresionó como el tipo de persona que tiene un lado oscuro. Siempre había sido amable y dulce con todo el mundo, de modo que causó un impacto total cuando el vecino de Leslie pasó a verla para informarle que la María de dulce voz a la que todos habíamos llegado a amar se había convertido en la Norma Rae en español del vecindario, sermoneando a las otras nanas de la cuadra para que trabajaran menos, pidieran más dinero e insistieran en más días libres. Incluso robó papel de construcción y goma de pegar brillante de los chicos de Leslie para hacer carteles.

Dudando de si botar a María pues las chicas la amaban, Leslie decidió soportar todo eso, pero no por mucho tiempo. A medida que el tiempo pasaba, la hija mayor de Leslie, Anabelle, comenzó a hablar, y a todos nos fue presentada su fuerte, dinámica y altamente entretenida personalidad. María no estaba exactamente emocionada de encontrarse con la nueva Anabelle. Comenzó a apartarse de Anabelle más y más. Cuando Anabelle seguía a María alrededor de la casa, María se irritaba, espantándola para que se fuera. Rompía el corazón ver a la pequeña Anabelle correr emocionada hacia María llevándole una flor, solo para recibir su fría espalda. Se volvió claro como el cristal que María amaba a los bebés, pero no a los chicos, especialmente los chicos que podían hablar. Esa fue la frutilla del postre; María tendría que ser despedida inmediatamente. Leslie podía tolerar las travesuras de María en el vecindario, pero no toleraría ver cómo favorecería a una niña por sobre la otra. Al día siguiente, le pidió a María que se sentase y le pidió que se fuera. ¿La respuesta de María? "No, gracias. Estoy bien". Leslie, no sintiéndose segura de que María hubiese comprendido, se lo pidió nuevamente. A lo cual María respondió: "Me quedaré. Gracias". Después se levantó, abrazó a Leslie, y salió cantando de la habitación. Leslie no tenía idea de qué era lo que había sucedido.

Allí fue cuando recibí el llamado. Es extraño cuán fácil es para mí saltar a la acción en nombre de otra persona. Quince minutos más tarde, yo le estaba dando a María en mano su indemnización y ofreciéndole ayudarla a empacar sus bolsos y llevarla a su casa en mi auto. No hubo malentendidos esta vez. Tomó el cheque de mi mano, salió como una tormenta de la habitación y en cinco minutos había empacado y estaba fuera de la casa. No aceptó que la llevase en auto, optando en cambio arrastrar su enorme talego por la calle, cantando mientras caminaba hacia la parada de colectivos más cercana. Misión cumplida.

Lo que aprendí

No es tarea fácil encontrar a la nana correcta para tus chicos. Vi a Leslie entrevistar y reprobar varias nanas antes de elegir finalmente a María. Había nanas que Leslie adoraba pero las chicas no, de modo que era otra vez vuelta a empezar. Aprendí, a partir del error de Leslie, cuán importante es formular preguntas y averiguar posibles reacciones para cada situación potencial y claramente revisar todo antes de ofrecer a tu nana el trabajo. Nunca se le ocurrió a Leslie preguntarle a María cómo se sentía respecto de los niños; simplemente dio por sentado que si amaba a los bebés, naturalmente amaría a los niños, algo que podría haber descubierto fácilmente si le hubiera preguntado a María sobre su experiencia con niños. Tal como resultaron las cosas, María no tenía ninguna. Solo había trabajado con bebés.

La mayoría de los padres con los que hablé señalaron que era importante para ellos revisar todo con sus nanas antes de pedirles que comiencen. De todos modos, cuando se hacía el momento de expresar pensamientos o botar a su nana, una gran mayoría de ellos encontraba que era una situación demasiado difícil. Unos pocos expresaron que no querían agitar las aguas por temor a que sus nanas descargaran sus sentimientos sobre los niños. Otros, especialmente los que vivían en las ciudades, dijeron que preferían soportar nanas mediocres a tener que buscar otra. Sentían que era casi imposible encontrar una nana perfecta.

Ahora sé que si alguna vez tengo que contratar a una nana, no solo repasaré todo detalladamente, sino que tendré especialmente en cuenta el realizar controles. Los controles son una forma excelente de permanecer conectada con tu nana y de ese modo también con tus chicos. Un número sorpresivamente alto de nanas a las que entrevisté revelaron cuán poco apreciadas se sentían. Yo voy a esforzarme, si tengo una nana, por hacerla sentir bienvenida a mi hogar tanto como me sea posible, y, cuando sea apropiado, me aseguraré de darle dinero extra, porque una nana feliz significa un niño más feliz.

Prepárate bien

▶ Asegúrate de que tus expectativas estén claramente establecidas.

▶ Escribe la lista de tus razones para querer botar a tu nana o niñera.

▶ Hazle al menos una advertencia. Explícale específicamente los problemas que estás teniendo, haciéndole saber que si las cosas no cambian, su trabajo está en riesgo.

▶ Estudia cualquier contrato que tengas con la nana/niñera. Consulta a un abogado si es necesario.

▶ Si la contrataste a través de una agencia, habla con la agencia sobre cómo manejar el despido.

▶ Toma una decisión respecto de su indemnización. La regla general en cuanto a ello es el salario de una semana por cada año que haya trabajado para ti.

▶ Haz un inventario de todas las cosas que la nana/niñera todavía tenga en su poder.

▶ Ensaya lo que vas a decirle.

▶ Prepara lo que vas a decirles a tus niños después de que la nana/niñera haya sido despedida.

- Alista antes otra nana. Consulta www.NannyNet-work.com, www.Nannies4Hire.com, o www.SitterCity.com.

- Si corresponde, escribe una carta de recomendación antes de despedirla.

- Ten preparada una lista de gente a la que llamar después de botar a tu nana/niñera, de modo que sepan que no deben entregarle tu hijo o hija a ella.

Ejemplo de lista de personas a las que llamar después de botar a tu niñera

1. La escuela

2. Portero

3. Guardia de seguridad

4. Profesores extracurriculares: el sensei de tae kwondo de tu hijo, la profesora de ballet, el entrenador de fútbol, etcétera

5. Los padres de los amigos de tus hijos

Cómo botarla

EL MOMENTO ADECUADO

Tus chicos vienen primero, de modo que no botes a tu nana/niñera mientras ellos estén en casa. Lo último que quieres para tus hijos es que te vean despedir a su cuidadora favorita.

PASOS

1. Siéntate con tu nana/niñera. Muestra compasión, pero sé firme. La decisión ya ha sido tomada. Ya no está en discusión.

2. Comienza con un halago o algo positivo. *"A mis chicos realmente les ha encantado la forma en que les cantas para que se duerman"*.

3. Recuérdale las veces en que le has dado avisos previos. *"Como te he señalado en varias ocasiones, he tenido que _____"*.

4. Subraya la importancia del tema. *"Son mis hijos y es importante que _____"*.

5. Bótala y entrégale su dinero de indemnización. *"Desafortunadamente, dado que las cosas no han cambiado, voy a tener que dejarte ir. Aquí tienes un sobre con el pago de dos semanas"*. Si corresponde: *"Incluí también una carta de recomendación"*.

6. Permítele responder. Asegúrate de permanecer firme a tus armas. Si ella menciona cuentas que debe pagar u otros temas que puedan hacerte sentir culpable, expresa comprensión, pero haz todo lo que puedas para no entrar en mayor conversación.

7. Discute cómo desea ella decirles adiós a tus hijos. ¿Volverá mañana? ¿Otro día?

8. Agradécele.

AJUSTADOS DE DINERO

La economía es una razón importante por la cual la gente no puede afrontar tener una nana. Cuando el dinero se interpone en el camino, es hora de deshacerse de la nana.

> **LO QUE TÚ DICES:** *"Las cosas están duras económicamente para nosotros en este momento, lo que significa que lamentablemente tendremos que dejarte ir. Siento mucho si te ocasionamos algún inconveniente. (Si corresponde) Me he tomado la libertad de escribir una carta de recomendación para ti. Gracias por todo".*

PADRE DE TIEMPO COMPLETO

Los chicos crecen rápido. Una forma fácil de botar a tu nana es decirle que no quieres perderte un solo minuto del crecimiento de tus hijos y entonces quieres ser un padre de tiempo completo. Luego halágala con cumplidos y pídele consejos y sugerencias.

LOS PARIENTES POLÍTICOS

Dile a tu nana/niñera que tus suegros se están mudando con ustedes y les han ofrecido cuidar a los niños. Menciona cuánto aman tus hijos a sus abuelos.

Si fuera necesario

¡NO SOY YO! ¡SON MIS HIJOS!

No los despedirás a ellos, ¡son tus hijos! Dile a tu nana/niñera que a tus hijos les está costando mucho adaptarse a ella. Intenta presentar una razón, tal como "no parecen poder olvidarse de su antigua nana", "Tú sabes, los chicos, pueden llegar a ser tan caprichosos a veces"; o "Mis hijos están tan obsesionados estos días con todas las nanas inglesas en las películas como Mary Poppins y Nanny McPhee, que insisten en que contrate una nana con acento inglés. ¿Cómo te va con los acentos a ti?".

SUPERNANNY

Siéntate con tu nana y mira una maratón de *Supernanny*, el programa de televisión en el que las nanas visitan las casas de la gente, observan a las familias en acción y después las ayudan a restablecer el orden. Dile a tu nana cuán divertido sería estar en televisión y que tú les escribirás a los productores del programa. Después, unas semanas más adelante, vuelve a casa agitando un sobre en el aire y dile que ¡ha sido elegida para estar en el programa! Oh, oh, me imagino que eso significa que ya no será necesitada, ¡lo siento!

Katie Vaughan

FUNDADORA Y CEO DE WESTSIDE NANNIES EN LOS ÁNGELES. SU AGENCIA HA APARECIDO EN *INSIDE EDITION, MTV, THE INSIDER, ENTERTAINMENT TONIGHT* E *INTOUCH MAGAZINE*

www.WestSideNannies.com

P. *¿Cuáles son las razones más importantes por las que la gente quiere botar a su nana?*

R. La decisión de dejar ir a tu nana nunca es fácil y hay muchas razones diferentes por las que una familia puede sentir que es necesario hacer este cambio. La razón más común es el simple hecho de que las necesidades de la familia han cambiado; muchas veces una nana es contratada por un cierto período de tiempo, tal como la infancia o mientras que los chicos están aprendiendo a caminar. Algunas familias ya no necesitarán la ayuda de una nana cuando sus chicos empiecen a ir a la escuela. Otras familias mantendrán una nana hasta que sus chicos empiecen la escuela secundaria o hasta que simplemente no necesiten más una nana. Por el contrario, hay también situaciones en las que las razones para el cambio son menos deseables. Una madre, por ejemplo, encontró que la personalidad de su nana no era compatible con la suya. Otra madre dijo que su nana se rehusaba a seguir el horario que le había preparado para ella y sus hijos. Antes de hacer un cambio, asegúrate de evaluar si el problema es o no de comportamiento. Aunque es probable que lo deseemos, ¡las nanas no leen la mente! Si tienes formas especiales de hacer cosas en la casa, déjaselo saber a la nana. Aunque puedes llegar a pensar que tus preferencias son prácticas comunes, pueden haber sido diferentes en sus empleos anteriores. En la mayoría de los casos, se debería hacer un esfuerzo por comunicarse con la nana y por darle una oportunidad de corregir la conducta. Si esto no es posible, o si los cambios no resultan de tu satisfacción, puede ser que sea el momento de un cambio.

P. *¿Cuál es la mejor forma de botar a una nana?*

R. La mejor forma de dejar ir a una nana es ser amable y gentil. Es preferible sentarse y discutir la razón detrás de la decisión. Si el cambio se debe a una evolución natural de la estructura familiar –tal como que los chicos comiencen la escuela o que los chicos hayan crecido y ya no necesiten una nana–, esta conversación debería ser bastante simple. Después de explicar la situación, expresa tu aprecio por su servicio dedicado y asegúrale que siempre será una querida amiga para la familia y los chicos. Muchos padres invitan a las antiguas cuidadoras a los eventos familiares tales como *bat mitzvahs* o fiestas de cumpleaños. Si la nana era una buena empleada y cuidadora de tus niños, también es importante darle una carta de referencia para un empleo futuro. Algunas familias también le brindan una indemnización a la nana; una indemnización típica es el pago de dos semanas de trabajo. El pago de indemnización no es exigible para las niñeras o las nanas de medio tiempo. Dejar ir a una nana cuando la razón para el cambio no es ni natural ni mutua es a menudo más difícil, y estas son las conversaciones que los padres más temen. La mejor forma de manejar estas situaciones es ser honestos; si no puedes soportar su personalidad, hazle saber que tú piensas que la compatibilidad de la personalidad al largo plazo no es la mejor. Si la niñera no siguiera tus directivas, déjale saber que no estás satisfecha con su habilidad para comprender las directivas y llevarlas a cabo. La nana apreciará tu honestidad y la crítica constructiva le será útil en su próximo empleo. Cuando despidas a una nana, siempre consulta con tu abogado para asegurarte de que estás protegida de cualquier reclamo potencial por discriminación.

P. *¿Cuál es la historia más extravagante que has oído sobre alguien que haya despedido a una nana?*

R. Nuestra agencia una vez se enteró de una celebridad que botó a su nana en mitad de la noche. Repentinamente, la asistente golpeó a la puerta de la nana y le dijo que sus servicios ya no eran requeridos. Le dijo que empacara sus cosas y se fuera a las 3 de la mañana.

P. *¿Hay alguna forma incorrecta de botar a tu nana?*

R. Sí. Después de que una nana ha trabajado por un período de tiempo con una familia, se han creado lazos, especialmente con los niños. Es importante decirle a la nana por qué se ha tomado la decisión y tratarla amablemente y con respeto. También es importante involucrar a los niños en el proceso de despedida y hacer que la partida sea feliz.

P. *¿Cuál es la mejor forma de pedirle a una nana que deje de andar pavoneándose por la casa con sus Daisy Dukes?*

R. Tal como dijo Plauto una vez: "El comienzo es la parte más importante del trabajo". Uno podría decir lo mismo sobre la contratación de una nana. Es importante, cuando se contrata a una niñera nueva, que la familia sea muy clara en el comienzo sobre las expectativas y requerimientos del empleo. Un atuendo de trabajo apropiado es un tema que debería plantearse, y se deberían establecer pautas claras antes de que la nana comience a trabajar.

P. *¿Cómo debería un padre manejarse con una nana si sospecha que ella está robando?*

R. Una nana debe ser un individuo de integridad y de un carácter moral alto. Si un padre tiene alguna sospecha contundente y/o tiene evidencias de que su nana está robando, la familia debería botar a la nana inmediatamente. Esta conducta es ilegal e inaceptable.

En una situación en la que algún elemento ha sido robado y varios miembros del plantel de trabajadores podrían ser responsables, se debería hacer un esfuerzo para investigar objetivamente la situación. De todos modos, se debe ser cuidadosa de no acusar a tu nana de robar si no tienes evidencia concreta. Una de nuestras clientas llegó a casa una noche y encontró que faltaba un collar valioso. Instantáneamente dio por descontado que la nana era responsable y la acusó con mucho enojo de habérselo robado; al día siguiente, encontró el collar y se dio cuenta de que simplemente ella lo había puesto en un lugar incorrecto. Desafortunadamente, para ese momento el daño ya había sido causado y la nana ya no se sentía cómoda trabajando en esa casa. La familia perdió una nana sorprendente por apresurarse en llegar a conclusiones.

P. *¿Cómo le pides a una nana amablemente que sea menos madre y más nana?*

R. Una comunicación abierta entre los padres y la nana es crucial en una buena relación familia/nana. Es importante que la nana respete a los padres y la forma en la que preferirían que sus chicos sean criados. Una nana profesional escuchará a los padres y pondrá sus deseos en práctica con sus niños en temas tales como la rutina y la disciplina. Si sientes que tu nana está tratando de tomar tu lugar y a ti no te gusta, expresa tus pensamientos y sé directa. Toma el control de la situación involucrándote más en las decisiones del día a día. Prueba creando un cronograma para tu nana y los chicos o comienza a controlar a lo largo del día. Dile abiertamente a tu nana si sientes que ella está siendo demasiado dominante. Recuerda, tú eres la madre o padre y la nana es tu empleada. Mantente abierta a las observaciones y sugerencias que pueda hacerte tu nana, pero recuerda siempre que tienes el derecho a decidir exactamente cómo deben ser cuidados tus hijos.

P. *¿Quién acuñó el término "mana" (en inglés "manny", por la unión de "mother" and "nanny")?*

R. La primera vez que se mencionó la palabra "mana" fue en un artículo del *Washington Post* en 1986. Antes de ese momento, el clásico de la TV *Family Affair* mostró a una nana hombre, el Sr. French. Recientemente, las nanas han estado ganando popularidad y atención en la prensa debido a celebridades como Britney Spears, que contrata a una nana para sus hijos.

P. *¿Cuál piensas que es el concepto equivocado más común que la gente tiene acerca de las nanas?*

R. Desafortunadamente, los medios han retratado a nanas como mujeres seductoras que buscan su próxima conquista. A este estereotipo no lo han ayudado los ampliamente publicitados romances de las celebridades con nanas, tales como el de Jude Law, cuyo *affair* con su propia nana fue puesto en exhibición pública. Recientemente, en un episodio de *Desperate Housewives*, Lynette decidió despedir a su nana porque sentía que era demasiado atractiva. Este es un estereotipo contra el que las nanas deben luchar. Las nanas son cuidadoras porque trabajar con niños es su pasión. La idea de que hay una gran cantidad de nanas que andan detrás de sus empleadores es absurda. Y la mayor parte de las nanas no lucen como Scarlett Johansson en *Nanny Diaries*. Para una nana profesional ésta es su vocación, no simplemente un trabajo, y el deseo de los padres es lo último que pasa por su mente.

P. *¿Cuál es tu nana favorita en la TV o en el cine?*

R. Odio decir un cliché, pero Mary Poppins es hasta el día de hoy mi favorita total. Una nana que puede limpiar en un abrir y cerrar de ojos, hacer que los niños tomen la medicina como si fuera una cucharada de azúcar y alentar a los chicos a usar su imaginación vale todo su peso en oro.

BOTALOPEDIA

▸ Britney Spears botó a su nana cuando su hijo se cayó de su sillita alta.

▸ Tanto Robin Williams como Ethan Hawke se casaron con las nanas de sus hijos.

▸ *Nanny* (nana en inglés) también significa cabra hembra.

▸ Fran Drescher, la estrella de *The Nanny*, ¿en qué película tuvo su primera aparición?
   A. *Animal House*
   B. *Saturday Night Fever*
   C. *This Is Spinal Tap*
   D. *When Harry Met Sally*

▸ Julia Roberts le deseó a su nana, Marva, un "Feliz cumpleaños" desde la entrega de los Academy Awards.

La respuesta correcta es B: Saturday Night Fever.
El personaje de Fran era Connie.

dieciséis

LA EMPLEADA DOMÉSTICA

Indicios de que es hora de botar a tu empleada doméstica

▶ Decide que fregar tu bañera y ducha "no es asunto suyo".

▶ Tienes que limpiar después de que ella lo ha hecho.

▶ Crea su propia lista de deseos en tu TiVo.

▶ Te entrega la lista de productos que necesita de la tienda, y esta incluye cosméticos y galletas.

▶ Llegas a casa y la encuentras acostada en tu cama y con tu teléfono en el pecho.

Limpieza de casa

Esperar que Betty apareciera era como esperar que llegue una cita a ciegas. Estaba emocionada, ansiosa, nerviosa; lo que se te ocurra, lo sentía. Nunca había tenido una mujer que limpiase en mi casa antes, y por lo tanto no tenía idea de qué debía esperar. ¿A ella le gustaría yo? ¿A mí me gustaría ella? Esperaba que sí; después de todo, yo había pasado las últimas cuatro horas fregando mi apartamento de modo que ella no pensara que yo era algún tipo de chancho. ¿Cómo discutiríamos sobre el pago? Ella se tomaría el autobús hasta mi departamento. ¿Se suponía que yo debía ofrecerle llevarla de regreso en mi auto? Mi cabeza giraba y tenía un sudor nervioso.

Y entonces mi timbre sonó. Salté, asegurándome de controlar mi cabello y mi respiración en el espejo. Abrí la puerta y ahí estaba, todos sus 5 pies y 2 pulgadas de alto, sosteniendo un plato de galletas, con migas en la parte de adelante de su blusa, sin duda por haber estado comiendo unos instantes antes de tocar el timbre. "Espero que te gusten las chispas de chocolate", repiqueteó una Betty feliz mientras pasaba delante de mí y se dirigía a la cocina, donde puso su plato en la encimera antes de abrir el refrigerador. "Oh, bien, tienes leche. ¿Quieres un vaso?". ¿Quién era esta mujer? Era sorprendente. "Sí, por favor. ¡Gracias!". Betty me sirvió un vaso de leche, lo puso delante de mí y se dirigió al armario de la limpieza, levantando botellas, examinando las etiquetas, afirmando con la cabeza ante algunas de ellas, sacudiéndola frente a otras. "¿Qué hay de los guantes?", me preguntó. Me quedé helada.

"¿Guantes? Oh, no tengo guantes. Lo siento. Debería haberte preguntado por teléfono qué necesitabas", le dije.

Se rió y agitó su mano, diciendo: "Estoy haciéndote una broma.

Traje los míos". Era divertida. Agradable. Cuando terminó el día, le extendí un cheque, lo tomó y dijo: "¡Te veo el próximo lunes!", y después se fue.

Betty era la mejor, todo un personaje. Algunos días traía galletitas, otras veces restos de estofado, otra vez pan de banana. Nunca aparecía sin algún tipo de regalo o sorpresa. Y sus historias siempre me entretenían, ya sea que fueran sobre su perezoso marido, su hermana con narcolepsia, o su hija, que tenía el hábito de pintar bigotes en sus compañeros de clase usando algo filoso. Siempre estaba sucediendo algo en su vida que me producía carcajadas.

Pero con cada historia venía un poquito menos de profesionalismo de su lado. Lo que había comenzado como una charla informal mientras ella trapeaba el piso pasó a ser sacarse los zapatos, dejarse caer en mi sillón, golpear con su mano el almohadón, y hacerme señas para que yo también me sentara "¿Bien? ¿Qué estás esperando? Siéntate. Tú eres la escritora, escribe esto", y ella se zambullía en otra historia. Aunque todavía me interesaban, yo estaba más interesada en que ella limpiara mi casa.

Antes de que me diera cuenta de lo que estaba pasando, ella había puesto toallitas de papel en mi mano derecha y una botella de Windex en la otra, y de repente yo estaba limpiando con ella. El problema era que aun con mi ayuda, la calidad de su trabajo estaba decayendo. Sus ojos estaban más concentrados en mí que en mi sucia pileta, piso grasoso, o canasto de ropa sucia, cosas que con frecuencia dejaba pasar por alto. Yo no podía juntar el coraje para decirle algo a ella directamente, de modo que decidí que le daría una llave de mi departamento y me cuidaría de no estar allí cuando ella apareciera.

Desafortunadamente esto no ayudó. Las duchas permanecían sucias, el nuevo guardapolvo que ella había pedido específicamente permanecía sin abrir, y tenía que dejarle notas para recordarle que limpiara la heladera. Finalmente logré reunir el coraje para decirle algo que, admito, fue un poquito pasivo-agresivo. "Betty, ¿está todo bien? He notado que no has estado fregando el baño últimamente".

Respondió con una risita. "Debes de ser ciega, señorita Jodyne". Esa era mi Betty: una verdadera bromista.

Para este punto, mis amigas insistían en que la despidiera, pero yo no podía, en parte porque pensaba que se reiría de mí. Las semanas continuaron pasando, sin que muchas cosas quedaran limpias. Y después, un día, recibí un llamado de Betty diciéndome que tenía que ir a Guatemala por algunos meses para ayudar a su madre. Su buena amiga, Rosie, la reemplazaría mientras ella estaba lejos. "No se preocupe, señorita Jodyne. Volveré pronto". La semana siguiente, llegó Rosie, y aunque vino sin galletas ni estofado, y no tenía nada de la personalidad atractiva de Betty, era increíble. Lloré como un bebé después de la primera vez que limpió mi departamento. La mujer no dejó una sola superficie sin tocar. Cada piso y armario brillaban, las canillas y duchas destellaban y las ventanas estaban tan limpias que podía ver mi reflejo en los panes de vidrio. ¿Qué si organizaba? Como nadie. Era una empleada doméstica soñada, y antes de que pasara mucho tiempo, me descubrí a mí misma rezando para que Betty no regresara de Centroamérica.

Tres meses más tarde, la llamada tan temida llegó; Betty estaba de regreso. Era hora de decirle adiós a Rosie. El lunes siguiente, Betty apareció con regalos de Centroamérica. Pasamos el día hablando sobre su viaje, su madre y sus primos. Después tomó su cheque y se fue, sin haber tocado en ningún momento una esponja o un trapo. Yo no podía dejar de soñar despierta con Rosie y la forma en que limpiaba mi baño, cómo organizaba mis papeles en mi escritorio y la hermosa forma en que envolvía mis medias. Solo deseaba tener una semana más con ella, porque estaba a punto de ordenar alfabéticamente la despensa de mi cocina.

La próxima visita de Betty no fue en nada mejor. Debe de haber decidido dejar de subir a sillas y escaleras de mano mientras estuvo afuera, porque todo lo que estuviera a más altura que cinco pies, dos pulgadas del suelo, permanecía sucio. Eso era demasiado. Estaba harta; estaba lista para despedirla. El lunes siguiente, tan pronto como abrió la puerta, le pedí que tomara asiento. Justo cuando estaba a punto de empezar, Betty me ganó de mano: "Oh, escucha esto ¿Me creerías que Rosie, esa chiquita desleal, se robó la mitad de mis clientes? Después de que yo la ayudé durante todos aquellos meses, ¿así es como me paga? Algunas personas son....". ¡Ayyy! No podía hacerlo ahora. ¿Cómo podía despedirla después de eso? Me quedé helada, mirándola profundamente a sus ojos marrones.

Las dos pasamos las próximas tres horas limpiando. Bien, realmente era más parecido a que yo limpiaba y ella miraba. Justo mientras estaba en el medio de mi fregada de la bañera, se me ocurrió una idea. No estoy diciendo que era una idea brillante, pero era una idea. Yo volvería a contratar a Rosie mientras que a su vez conservaría a Betty. Haría que Rosie viniera más adelante en la semana. De este modo, nadie tendría que ser despedido. Por supuesto, costaría más tener dos señoras de la limpieza, pero al menos los sentimientos de Betty no saldrían lastimados.

Tres días más tarde, Rosie limpió mi departamento. El plan estaba funcionando perfectamente, hasta que dos semanas más tarde, cuando llegué a casa del trabajo, encontré a Rosie y a Betty sentadas en mi sofá, con los brazos cruzados, enojadas. Betty fue quien habló. "¿Realmente?".

A lo cual dije con dudas: "¿Sí?".

Se pararon, tomaron sus carteras, y se dirigieron a la puerta. "Parece que alguien necesitará encontrarse una nueva empleada doméstica", dijo Betty. Y, de ese modo, mi plan fracasó. Yo estaba nuevamente limpiando mi propio departamento... hasta una semana más tarde, cuando mi teléfono sonó. Era Rosie, susurrándome en el teléfono que quería volver a trabajar conmigo. Tres días más tarde, toda la despensa de mi cocina estaba en orden alfabético.

Lo que aprendí

Para las que recién comienzan, no tomen dos señoras de la limpieza. Lo siguiente, no agarren un rollo de toallitas de papel y empiecen a limpiar con su empleada doméstica. Mantengan su vida privada para ustedes y no abran la puerta a la de ellas. Eviten hacer que se sientan tan cómodas que no tengan problemas en sacarse sus zapatos, descansar sobre tu sofá o traer a sus chicos con ellas de modo que tú puedas cuidarlos mientras ella limpia. Tienes que establecer límites directamente desde el comienzo. Escríbelos si necesitas hacerlo; solo asegúrate de que tu empleada doméstica sepa exactamente cuáles son tus expectativas. Después vete y déjala trabajar. Cuanto antes le comuniques tus necesidades, más fácil será para ella satisfacerlas. Y recuerda halagar a tu empleada doméstica; no es gracioso limpiar casas, y siempre es agradable tener a alguien que aprecie su duro trabajo. También es una forma maravillosa de hacer sugerencias.

Prepárate bien

▸ Menciona todo lo que quieres que haga en cada visita –pasar la aspiradora, fregar el baño–, puede ser obvio para ti, pero no para ella.

▸ Si ella no está completando las tareas que le han sido asignadas, haz una nota explicitando esto junto con cualquier otra cosa que no esté funcionando para ti, después siéntate con ella y repasa la lista, señalando lo que ella no ha cumplido.

▸ Hazle algunas advertencias, asegurándote de que ella comprenda que si no hace lo que le estás pidiendo, será despedida.

▸ Escribe una lista de todos los artículos importantes que todavía estén en su posesión y pídele que te los devuelva. ¿Recuerdas aquel día frío del último invierno cuando tu empleada doméstica te pidió prestado tu abrigo de vellón? Pídeselo de vuelta. Tu crema para manos favorita de París, ¡pídesela de vuelta! Lo mismo cuenta para todas las alfombras, sábanas, ropa o cualquier otro artículo personal sobre el cual puedas o no estar enterada.

▸ Entrégale algún tipo de indemnización.

▸ Cuando sea apropiado, ofrécele escribir una carta de recomendación.

▸ Encuentra una nueva empleada doméstica. Pídele referencias o visita www.HireHousekeepers.com o www.HouseKeeper-Help.com.

▸ Cambia las cerraduras y los códigos de seguridad de tu casa. Es mejor estar segura que arrepentida.

Advertencia: ¿Sabías que no hay estándares industriales que rijan la industria de la limpieza? Esto significa que cualquier persona puede publicar sus servicios como señora de la limpieza y aparecer en tu casa.

Cómo botarla

Con suerte, para este punto, has preparado el terreno, de modo que no le resultará una gran sorpresa a tu empleada doméstica cuando le digas que las cosas no han estado funcionando. Recuerda mantener la conversación tan breve como sea posible. Ponerse emocional no ayudará a ninguna de las dos. Esta conversación no tiene la intención de hacer que tu empleada doméstica te comprenda o piense que tú eres una buena persona. Esto es negocios, de modo que mantenlo en ese terreno.

PASOS

1. **Pídele que se siente.**

2. **Comienza con un halagó:** *"Veo lo duro que trabajas todas las semanas".*

3. **Menciona las advertencias que le has hecho.** *"Como te señalé, no he estado conforme con tu trabajo estos últimos meses".*

4. **Bótala.** *"Dado que las tareas que he necesitado que hagas no parecen haber sido hechas, tendré que pedirte que te vayas".*

5. **Deja que ella te responda. Puede ser que te pida una segunda oportunidad. Corta eso rápidamente.** *"Lo siento, eso simplemente no es posible".*

6. **Ofrécele algún tipo de indemnización y una carta de recomendación.**

7. **Agradécele.**

CORTOS DE DINERO

Para la mayoría de la gente, tener una empleada doméstica es un lujo. Si el dinero no está ingresando, tampoco debería hacerlo la empleada doméstica.

LO QUE TÚ DICES: *"Lo siento, pero estamos muy cortos de efectivo en este momento, de modo que tendré que dejarte ir".*

PREPÁRATE PARA QUE ELLA DIGA: *"Trabajaré por menos dinero".*

ÚLTIMAS PALABRAS: *"Eso es muy amable de tu parte, pero yo no estaría cómoda con eso. Gracias por el ofrecimiento".*

MEJORAS EN LA CASA

Cualquiera que haya renovado una casa sabe cuánto tiempo consume eso. Bota a tu empleada doméstica diciéndole que has decidido hacer algunos cambios grandes en tu casa. Ve un poco más lejos y muéstrale cuán emocionada estás mientras enfatizas cuán abrumada te sientes a la vez, dado que el proceso total tomará al menos diez meses o incluso un año para quedar completo. Menciona el lío que creará, especialmente porque demolerás paredes, reemplazarás las cañerías y renovarás los cables en la casa completa.

LA BASURA DE UN HOMBRE ES EL TESORO DE OTRO

Cuando mi hermana se mudó, aprovechó esa oportunidad para despedir a su empleada doméstica. Aunque es verdad que tenía algunos problemas con ella, ninguno tenía que ver con su habilidad para la limpieza. Llamé a mi amiga Leslie, que había estado buscando una, y le di el número de esta mujer. Leslie terminó amándola, y ha estado limpiando la casa de Leslie desde ese momento. De modo que ¿por qué no ubicar a tu empleada doméstica con otra persona? Podrías estar haciéndole un favor.

Si fuera necesario

ME ESTOY MUDANDO

Dile a tu empleada doméstica que estás empacando todo y te estás mudando de la ciudad, lo que significa que no la necesitarás más.

GUERRERO

Dile a tu empleada doméstica que compraste un perro pitbull para proteger la casa, y aunque es el más dulce de los perritos con la familia, es realmente agresivo con los extraños. En solo unos pocos días, ya es responsable de trece puntos. ¡Ay!

P & R
Aggie Mackenzie
**COANFITRIONA DEL PROGRAMA TELEVISIVO DE LA BBC
AMERICA** *HOW CLEAN IS YOUR HOUSE*, **TANTO COMO
COAUTORA DEL LIBRO DEL MISMO NOMBRE**

www.aggiemackenzie.com.uk

P. *¿Cómo botas a tu empleada doméstica?*

R. Mentiras piadosas siempre; tus circunstancias han cambiado: menos dinero, tendrás una *au pair*, lo que sea.

P. *¿Qué puedes hacer si sospechas que tu empleada doméstica se está preparando para botarte?*

R. Invítala a comer afuera y reestablece la relación.

P. *¿Cuál es la forma amable de decirle a tu empleada doméstica que se ha olvidado de una mancha?*

R. ¡Simplemente sé muy directa!

P. *¿Hay algún consejo de limpieza que toda empleada doméstica debería saber, pero que con la mayor probabilidad no conoce?*

R. Que es maravilloso tener la placentera sorpresa de que la empleada doméstica está haciendo algo más allá de sus instrucciones, como poner en orden el armario de la ropa blanca, por ejemplo. ¡Casi no importa que el lavatorio del baño no esté impecable!

P. *¿Cuáles son las reglas respecto de las cosas que rompe una empleada doméstica?*

R. Es realmente muy malo, ese es el riesgo que tienes que tomar. Si se convierte en un hábito, ¡es hora de dejarla ir!

P. *¿Cuál es el error más grande que comete la gente con su empleada doméstica?*

R. No tratar a esa persona como un ser humano, como su prójimo.

P. *¿Cómo le dices a tu empleada doméstica que su trabajo no está a la altura que debería estar?*

R. Sé amable pero firme. No comiences disculpándote por tener que hablar sobre eso.

P. *¿Cómo hablas con tu empleada doméstica sobre cosas de la casa que faltan?*

R. Nuevamente, bien directamente: si sospechas que está robando, confía en tu instinto ¡y despídela!

P. *Si tienes una empleada doméstica que viene con una determinada regularidad, ¿debes pagarle durante las semanas en las que estás de vacaciones y no requieres sus servicios de limpieza?*

R. ¡Sí! Dale para hacer trabajos como los muebles de la cocina y cosas similares, cosas que se necesitan hacer solo ocasionalmente. En todo caso, si la valoras, ¿qué tal darle unas vacaciones alguna vez cada tanto?

P. *¿Cuánto deberías darle a tu empleada doméstica por las vacaciones?*

R. El equivalente al pago de una semana.

P. *¿Es necesario saber el apellido de tu empleada doméstica?*

R. ¡Por Dios, sí! Y pide referencias.

P. *¿Es difícil para ti no limpiar las casas de tus amigas o hacer sugerencias cuando las visitas?*

R. ¡No estoy para NADA interesada! Si alguna de mis amigas se disculpa por el estado del lugar, le doy mi respaldo diciéndole que estoy allí por su comida, su bebida y su compañía.

P. *Y, por último, dinos la verdad, Aggie: ¿Cuán limpia está tu casa? ¿La limpias tú misma, o tienes a alguien que viene y limpia?*
R. Nunca tan limpia como me gustaría que estuviese. Hemos tenido una persona que limpia desde que volví a trabajar después de tener a mi primer hijo. El trabajo cotidiano de pasar la aspiradora, sacudir el polvo, etcétera, me parece aburrido, y amo el hecho de que otra persona haga ese trabajo. Estoy mucho más feliz quitando manchas en alfombras, marcas en las paredes, yeso sucio, incluso limpiar el horno o las ventanas. ¡Cualquier cosa con la que se note una diferencia y no tenga que ser hecho todos los días!

Botalopedia

▶ Robert de Niro botó a su empleada doméstica por haber robado un par de aros colgantes de diamante de $95.000.

▶ ¿Quién representó a la inepta empleada doméstica en *Family Ties*?
   A. Dana Delany
   B. Geena Davis
   C. Laura Dern
   D. Lisa Kudrow

▶ Madonna fue una empleada doméstica mientras estudiaba baile en Manhattan.

▶ ¿Sabías que hay unas olimpiadas de limpieza? Los equipos compiten en eventos que van desde "tendido de camas con los ojos vendados" hasta *slalom*, que muestra equipos de dos integrantes empujando escobas mientras que dirigen jabones y otros elementos a lo largo de una pista de obstáculos de carteles de "piso mojado".

▶ ¿Verdadero o falso? Ann B. Davis, quien representaba a Alice en *The Brady Bunch*, no era la persona elegida originalmente en la selección.

La respuesta es B: Geena Davis.

La respuesta es verdadero. El rol originalmente era para Monty Margetts, pero los productores cambiaron de idea cuando volvieron a hacer la selección con Florence Henderson como Carol Brady.

diecisiete

EL COMPAÑERO DE DEPARTAMENTO

Indicios de que es hora de botar a tu compañero de departamento

▸ Te pregunta si puede pedirte prestada tu ropa interior limpia.

▸ Se come tu comida, mientras la estás comiendo tú.

▸ Habla en versos a veces groseros.

▸ Te llama desde su habitación mientras estás en la cocina y te pregunta si podrías llevarle un poco de pollo... ¡por favor, por favor!

▸ Su novia se muda con él y redecora tu departamento con gatitos y unicornios.

¡No hay lugar para ti!

Después de graduarme en la universidad, subarrendé un departamento de dos dormitorios en el West Village de una amiga que se estaba mudando a Boston para vivir con su novio. Para que fuera más fácil de pagar, decidí buscar una compañera en el departamento. Entró Rachel, una amiga de la universidad de una amiga mía de la infancia. Cuando me encontré con Rachel en un restaurante francés local, me pareció fantástica. Tenía un buen trabajo, aprobada, parecía compuesta, aprobada, le gustaba salir pero no traer las fiestas a casa: aprobada, aprobada. Me gustaba lo calmada y sin complicaciones que parecía, mencionando cuánto odiaba el drama. Todo estaba yendo tan bien que la invité a que viniera al departamento para darle una mirada. Rachel lo miró solo una vez y estuvo lista. "Mira, no quiero apurarte, pero de algún modo necesito saber si me puedo mudar tan pronto como sea posible, dado que comienzo un nuevo trabajo en la ciudad la semana que viene y tengo que salir de mi departamento subarrendado en la ciudad de Jersey antes de ese momento". Pero ella me estaba apurando y no hay nada que deteste más que ser puesta en un aprieto. Al mismo tiempo, sabía cuán duro es encontrar un lugar para vivir en Manhattan (para no mencionar cuán difícil es encontrar a alguien que te guste lo suficiente como para compartirlo). La comprendí cuando miré por algún tiempo profundamente a sus ojos desesperados, de un color azul plomo, y dije que sí. Después me encomendé al Cielo y recé para que hubiese tomado a decisión correcta.

Rachel se mudó al día siguiente. Mi forma minimalista de vivir fue superada rápidamente por su estética *chic* de abarrotamiento de cosas desgastadas. Celebramos nuestra primera noche como compañeras comiendo *falafel* en el restaurante Middle Eastern del final de la calle. Una de las cosas que me gustaban de Rachel era su espíritu independiente. Cuando la bailadora de vientre se acercó a nuestra mesa, Rachel se levantó y salió de su asiento inmediatamente, bailando y actuando como si fuera su segunda naturaleza. Le gustaba divertirse y, a diferencia de mí, no era perezosa. Me gustaba su sentido de la aventura, y estaba deseando que un poco de todo eso se me contagiara.

Las cosas no siguieron con tanta facilidad como me hubiera gustado esos primeros días. Rápidamente descubrí que Rachel no era una persona que funcionara por la mañana. De modo que si me la cruzaba en el pasillo antes de que estuviera oficialmente levantada, me ignoraba totalmente. Hablar estaba estrictamente reservado para después del café, y ni un minuto antes. Rachel tenía otros hábitos con los que yo no me sentía completamente cómoda, tales como caminar por toda la casa desnuda. Cuando le pedí amablemente que se pusiera una bata, ella dijo: "No sé cómo usarlas, de algún modo se me resbalan y se salen". ¿Realmente? Hmmm. Después estaban sus estados de humor. Nunca sabía si regresaría a casa a encontrarme con la Rachel aventurera o la Rachel maliciosa que pisaba fuerte por el departamento enfurruñada. Me cansé de preguntarle constantemente: "¿Estás bien?".

Después vino el pato. A Rachel le encantaba la carne de pato. Pato y huevos, pato con arroz, emparedados de pato, lo que se te ocurra: siempre había mucho pato que encontrar en el refrigerador y el *freezer*. Antes de que pasara mucho tiempo, yo apenas tenía espacio en la heladera para mi comida. Pero cuando llegué a casa un día y abrí la heladera para encontrarme que había quitado los estantes para tener lugar para un pato chino glaseado, me pareció demasiado de ese *volado*.

"Es la diferencia de edad", dijo ella.

"¿Qué es?", respondí yo.

"El hecho de que nosotras no nos llevemos tan bien como habíamos esperado". Tuve que pensar eso un momento, dado que solo nos separaban dos años.

"No lo creo", dije. Y por primera vez desde que vivíamos juntas, Rachel se ató su bata y se sentó a mi lado.

"Mira, yo he vivido un poco más que tú, he tenido algunos más compañeros de habitación en mi momento. Tú estás buscando tu primer trabajo; yo ya he tenido tres. Simplemente trata de relajarte más, estarás bien. Te lo prometo". Pero yo no estaba pidiendo esa clase de promesa. Yo quería que ella no dejara sus cabezas de pato por cualquier lado porque me asustaban. Quería que fuera de humor menos cambiante y que no dejara sus hilos dentales por todos lados –como por ejemplo entre los almohadones del sofá, o colgando de las hojas de las plantas–. Yo quería a la chica sin complicaciones del café del West Village donde nos conocimos, la que odiaba el drama, no la que lo creaba.

Después de nuestra charla, opté por quedarme fuera del departamento más tiempo del usual y esconderme en mi dormitorio cuando estaba en casa. Rachel continuó pisando fuerte por todo el departamento, golpeando armarios y puertas y haciéndome saber cuando estaba enojada. Yo rogaba que se fuera, pero sabía que ella no dejaría por propia voluntad tan excelente departamento. Mis plegarias fueron escuchadas finalmente cuando un mes más tarde la mujer de quien yo había estado subarrendando el departamento llamó desde Boston para decirme que ella y su novio se habían separado y que ella estaba volviendo a New York. Me invitó a quedarme, pero eso implicaba que Rachel tendría que llevarse toda esa experiencia de vida que tenía y encontrar una nueva compañera, con suerte una a la que le gustase el pato.

Lo que aprendí

A través de los años he tenido tantas compañeras que apenas puedo recordar los nombres de la mitad de ellas. Una vez me crucé con una chica en Prince Street y la miré fijo a los ojos con una mirada que decía: "¿De dónde te conozco?". No te estoy bromeando, ella me miró y dijo: "Compañeras de departamento, Universidad de New York". ¡Sorpresa! Los jugadores pueden haber cambiado con los años, pero lo que permanecía era el hecho de que yo me escondiera en mi habitación, por terror a tener que hablar con cualquiera de ellas cuando algo estaba mal. La vez que expresé mis sentimientos fue con Rachel, por su obsesión de consumir todo el tiempo pato. El problema fue que dejé que la conversación escapara de mí. Le permití tomar el control de nuestro diálogo, grave error. Hubiera deseado que hubiésemos llegado a algunas reglas domésticas antes de que ella se instalara en el departamento. Al menos, no hubiera tenido que andar por ahí llevando en mi cabeza la imagen de un pato entero colgando en mi refrigerador. Por suerte, ya no tengo que vivir con una compañera de departamento. De todos modos, si llega el día alguna vez en que necesite vivir con una, sé exactamente qué tengo que hacer.

Prepárate bien

▶ La clave para una relación exitosa con una compañera de departamento es tener líneas de comunicación abiertas. De modo que siéntate con tu compañera y haz una lista de las reglas de la casa. Siempre que sea posible, trata de hacerlo antes de mudarse juntas. Si es demasiado tarde, hazlo ahora.

- Haz que tu compañero firme un acuerdo. Dile que si cualquiera de los dos sigue quebrando las reglas, la otra persona tiene el derecho de pedirle a quien no las respete que se vaya.

- Sugiere encuentros mensuales en la casa (o una vez cada tantos meses). Esta es tu oportunidad para liberarte de cualquier resentimiento que tienda a aparecer. Tal como cuando uno de los compañeros siente que está comprando todo el papel del baño o limpiando la casa más que el otro. Los controles son una forma de mantener la paz al limpiar el aire. Tal vez a ti te interese sugerir sentarse juntas en el momento de pagar las cuentas cada mes. Tener un momento preestablecido para hablar garantiza que todos tengan tiempo para pensar sobre lo que van a decir.

- Adviértele. Si tu compañero de departamento sigue sin observar las reglas de la casa, siéntate con él y llámale la atención sobre eso. Si tú eres el que siempre está reprendiéndolo, pregúntale si hay una forma mejor de discutir estos problemas para el futuro. ¿Preferiría que tú le dejaras una nota? Hazle la observación de que los dos acordaron tener estas reglas y que si no lo hubiesen hecho, tú no te hubieses instalado con él.

- Estudia tu contrato, prestando atención especial a las cláusulas que tienen que ver con compañeros de habitación. Si no comprendes tu contrato, toma una copia y ve a consultar al Consejo de Vivienda Justa o a la unión de inquilinos y pídeles que te lo expliquen.

- Aprende a terminar legalmente tu contrato con tu compañero de departamento bajo la ley de tu estado actual. Por ejemplo, California te permite terminar tu contrato si tu compañero de departamento no paga la renta, viola el contrato, daña la propiedad, usa el departamento para actividades ilegales, o interfiere seriamente en la tranquilidad de otros inquilinos. Busca lagunas jurídicas tales como prohibición de mascotas, prohibición de fumar, negocios no permitidos, cualquier cosa con la que puedas eliminar a tu compañero de departamento.

▶ Investiga si tu ciudad o pueblo les permite a los propietarios de departamentos designar un "inquilino principal". Es un inquilino por un período prolongado que estuvo viviendo en el departamento primero. Los inquilinos principales tienen el derecho de elegir y desalojar a otros inquilinos incluso en el caso de que los nombres de ambos estén el contrato. Llama al propietario de tu departamento y pídele que te convierta en el inquilino principal.

▶ Si tu compañero de departamento lo está llenando de basura, notifica al propietario inmediatamente. A pesar de que los dos son responsables por el daño (si los dos están en el contrato), muchos propietarios miran favorablemente a los inquilinos que cooperan.

▶ Ten listo otro compañero de departamento.

▶ Escribe todos los gastos que deben ser arreglados: cuentas por servicios, renta, artefactos del hogar.

▶ Consigue que te devuelva todas tus pertenencias personales.

Advertencia: No trates de arreglar las diferencias consumiendo alcohol. Puede parecer una buena idea, pero el alcohol tiende a aflojar las lenguas y, antes de que te des cuenta, los ánimos arden.

Reglas domésticas básicas

1. Renta: Decidan quién paga al dueño. ¿Tú?, ¿él?, ¿los dos? Establezcan una fecha cada mes en la que entregarás tu cheque para la renta. Deja en claro que no hay lugar para jugar en esto; si no paga la renta a tiempo, se le pedirá que se vaya.

2. Cuentas por servicios: ¿quién las paga y cuándo?

3. Niveles de ruido: decidan un nivel de ruido con el que ambos puedan vivir.

4. Limpieza: ¿lavar los platos sucios inmediatamente o a la mañana? Decidan un cronograma de quién limpia qué (y cuándo) o decidan pagar a medias el costo de una empleada doméstica. No aceptes un "Después lo arreglaremos" como respuesta. Resuélvanlo ahora.

5. Fumar: ¿en la casa o afuera?

6. Comida: ¿todo está disponible para tomar o cada uno tiene su propio estante en el refrigerador?

7. Los artefactos eléctricos y los muebles: ¿comparten el costo o solo uno de los compañeros paga los muebles y le pertenecen directamente?

8. Invitados a quedarse a dormir: ¿cuántos están bien para ti?, ¿todas las noches o una vez al mes?

9. Salir del departamento: ¿cuántos días de aviso deberías darle? Los expertos sugieren treinta días.

Cómo botarlo

Precaución: A nadie le gusta ser forzado a dejar una casa. Muestra compasión, pero mantén una distancia emocional.

STRIKE TRES: ¡ESTÁÁÁÁÁÁS AFUERA!

Con suerte, tu nombre es el único que está en el contrato, de modo que puedes sacar provecho de eso. De todos modos, si los nombres de ambos están en el contrato, estás en una situación más difícil. Esa es la razón por la cual es importante lograr que él acuerde atenerse a reglas en la casa.

PASOS

1. Establece un momento y un lugar para tener una reunión para hablar sobre la casa. Avísale a tu compañero de habitación con mucho tiempo de anticipación para que pueda concurrir.

2. Comienza con algo positivo o hazle un halago. *"Nos hemos conocido por diez años y valoro nuestra amistad"*.

3. Recuérdale el acuerdo que hicieron respecto a las normas en la casa y las veces que le llamaste la atención. *"Pero como tú sabes, he tratado muchas veces de pedirte que cumplas con las reglas de la casa que tanto tú como yo acordamos antes de empezar a convivir"*.

4. Pídele que se mude a otro lado, lisa y llanamente. *"Esta es una conversación difícil de tener, pero voy a tener que pedirte que te mudes a otro sitio. Tómate un mes y encuentra otro lugar para vivir. Agradezco tu comprensión"*.

Advertencia: Si te pide una segunda oportunidad o una extensión, ten cuidado antes de aceptarlo, porque existen posibilidades de que luego quiera un tiempo adicional más adelante.

5. **Deja que reaccione. Prepárate para que esté enojado o contrariado. Tu tarea es la de escucharlo pero no reacciones de forma tal que alientes una discusión. Deja que tu compañero de departamento haga oír sus sentimientos, pero asegúrate de no ser conmovido por ellos. Sé firme en tu decisión.**

6. **Discute la renta y los servicios finales y cómo te gustaría hacer la transición a un nuevo compañero de departamento. Si ya tienes un nuevo compañero de departamento en espera, hazle saber cuándo se estará mudando esa persona.**

7. **Agradécele nuevamente por su comprensión y, si corresponde, ofrécele ayudarlo a encontrar un lugar.**

ESCRIBE UNA CARTA

Hablar con tu compañero de departamento en persona sobre la necesidad de dejar el otro, a veces no es una opción. Una vez tuve un amigo que sabía que su compañero de departamento quería que dejase el departamento, de modo que cada vez que el otro trataba de que se sentaran a hablar o intentaba programar un encuentro, él se aseguraba de estar ocupado o no disponible. Esto le permitió a mi amigo estar allí durante otros seis meses. Finalmente, a su compañero lo colmó la situación y le escribió una carta pidiéndole que dejara el departamento en treinta días.

Si tu compañero de departamento está evitándote y sigue sin aparecer cuando se lo pides, escríbele una carta; repasa todo, su fecha límite para dejar el departamento, el pago de la última renta, cualquier dinero que deba, las cuentas por servicios importantes, etcétera. En situaciones en las que compartieron el costo por un artefacto del hogar, tal como un tostador, considera la posibilidad de dárselo a él. Vale la pena, aunque fuere para tu tranquilidad de conciencia.

DEVUÉLVEME MI HABITACIÓN... COMPAÑERO

Para aquellos cuyo nombre es el único que aparece en el contrato, discúlpense con su compañero de departamento y háganle saber que quieren que les devuelva su habitación. Hay que darle mucho tiempo para que encuentre una nueva situación de vivienda. Ayuda a la situación el dar una razón, tal como el hecho de que estás por convertir la habitación en una oficina o que le pedirás a tu novio/novia que se mude contigo. ¿No tienes un novio/novia? Consíguete uno/a.

MÚDATE

A veces lo mejor y más fácil de hacer es mudarse. Evalúa tus opciones con cuidado, porque sin importar cuán bueno sea tu trato con tu renta actual o cuánto ames tu lugar actual, ¿vale la pena realmente continuar viviendo con un compañero de departamento que no te gusta?

Si fuera necesario

"¡AJÁ, ADIVINA QUIÉN TIENE MONONUCLEOSIS!"

¿Sabes qué cosa apesta? Caer en cama con mononucleosis. ¿A quién le encanta tener dolor de garganta, fiebre, dolor muscular y fatiga por un par de meses? A mí no, y tampoco le gustará a tu compañero de departamento. Para aquellos de ustedes que realmente lo necesiten, díganle a su compañero de departamento que se han pescado una seria mononucleosis y que el médico dijo que el descanso y la relajación son la única forma de ponerse bien, de modo que estarán acampando en la casa por el siguiente par de meses. Tose cada vez que él entre a una habitación y olvídate de taparte la boca. Prueba manteniendo las ventanas selladas, de modo que tu lugar esté bien viciado. Si tu compañero de departamento abre una ventana, grita "¡Brrrrrr!" y tiembla un poquito, discúlpate mencionando que tú comprenderías totalmente si él quisiera dejar el departamento (tose, tose). Ey, tú te mudarías a otro lugar si se diera la situación inversa, especialmente dado que la mononucleosis es altamente contagiosa y toma muchísimo tiempo recuperarse. Si él sugiere que tal vez tú estarías más cómoda yéndote a casa para recuperarte, recuérdale que esta es tu casa.

DILE A TU COMPAÑERO DE HABITACIÓN QUE HAS ENCONTRADO LA RELIGIÓN Y QUE ESTÁS REZANDO POR ÉL. ¡ALELUYA!

Detente en el centro religioso de tu barrio y toma tantos panfletos como te sea posible sin que te arresten. Después llena tu departamento con ellos estratégicamente. El baño, el cajón de las medias de tu compañero, su bolso para libros o portafolios, todos estos son buenos lugares. Lleva la Biblia por todos lados en la casa, recitando pasajes y preguntándole si le gustaría rezar contigo. Prueba haciendo un volante para encuentros de oración dos veces a la semana en tu departamento, y después pídele a tu compañero de departamento que lo corrija. Cuando quiera que sea posible, desliza una cita o pasajes bíblicos en las conversaciones. Por ejemplo, si tu compañero de departamento dice: "¿Me puedes pasar una manzana?", responde con un: "Si te gustan las manzanas, tengo una historia maravillosa para contarte sobre las manzanas y la creación". No debería pasar mucho tiempo antes de que tu compañero de habitación busque otro departamento.

PRESÉNTALE A TU COMPAÑERO DE DEPARTAMENTO TU NUEVO AMIGO, DIRECTO DESDE LA CÁRCEL

Repasa tu agenda de direcciones y elige cuidadosamente un amigo que luzca parecido a los que han estado en prisión, después pídele que te haga un favor. Vístelo de jean y hazlo que pare a comprar bebidas en una noche en que sepas que tu compañero de departamento va a estar en casa. Pídele que ponga su mejor cara de "Lo digo en serio" y pase por tu departamento preguntando cuánto cuestan las cosas. Después pídele que le diga algunas de las siguientes cosas a tu compañero de departamento:

"Así que, ¿de dónde eres tú realmente?".

"¿Cuál es tu fecha de nacimiento?".

"¿Alguna vez has salido con alguien que ha estado en la cárcel? ¿Te gustaría?".

"Oh, oh, pienso que podría estar por tener otro de mis episodios nuevamente. Siento que está viniendo".

Haz que aparezca tantas veces como le sea posible. Si tu compañero de departamento no se ha mudado para entonces, elige un día en que estés seguro que puedes llegar a casa antes que él y entonces revuelve el departamento, incluyendo su dormitorio. Cuando tu compañero llegue a casa, simula que estás en el medio del arreglo de todo aquello. Cuando pregunte qué ha sucedido, sé informal y di: "Nada en realidad, simplemente estaba limpiando un poquito. Pero, epa, déjame que te haga una pregunta: ¿por casualidad no le diste a mi amigo una llave de nuestro departamento, verdad?". Cuando te pregunte por qué, dile: "Nada, estoy seguro de que no es nada. No te preocupes". Después vete a tu dormitorio.

Qué hacer si tu compañero de departamento se rehúsa a mudarse

1. Revisa las leyes pertinentes sobre inquilinos. Las leyes que tienen que ver con el desalojo de un compañero de departamento varían grandemente de estado a estado.

2. Consulta a un representante de Vivienda Justa en tu zona y explícale tu situación.

3. Mediadores de vivienda: los mediadores son terceros neutrales que (por una fracción del costo de un abogado) pueden ayudar a los compañeros de departamento a arreglar sus problemas sin tener que ir a la corte. Busca uno en las Páginas Amarillas locales.

4. Llama a un abogado especialista en la relación propietario-inquilino y haz que te represente.

Susie Stein

PROPIETARIA DE ROOMMATE FINDERS. EN EL MERCADO DESDE 1977. HAN AYUDADO A MÁS DE 25.000 PERSONAS A ENCONTRAR UN COMPAÑERO COMPATIBLE PARA SUS DEPARTAMENTOS.

www.RoommateFinders.net

P. *¿Cuál es el error más grande que la gente comete cuando elige a un compañero de departamento?*

R. Tratar de encontrar un clon exactamente igual a ellos.

P. *¿Cuál es la mejor forma de manejar las disputas entre compañeros de departamento?*

R. No permitir que sucedan en primer lugar. Todos necesitan comunicar desde el principio exactamente lo que es importante para ellos y luego tratar de darle a la otra persona algo de cuerda floja, siempre que sea dentro de lo razonable.

P. *¿Cuáles son los indicios de que es hora de botar a un compañero de departamento?*

R. La primera señal de que es el momento de botarlo es cuando comienza a actuar sin respeto hacia ti, tus amigos o hacia la propiedad.

P. *¿Es mejor hacer que una sola persona firme un contrato o que todos los compañeros de departamento lo firmen?*

R. Todos necesitan tener algún tipo de acuerdo escrito que sea vinculante, ya sea un contrato o simplemente un papel que bosqueje cuáles serán las responsabilidades de cada persona.

P. *¿Cómo sabes que un compañero de departamento está a punto de botarte?*
R. Cambia las cerraduras.

P. *¿Cómo botas a un compañero de departamento?*
R. Básicamente, si la transacción es manejada inicialmente como un contrato de negocios, no debería haber ningún problema en "botar" a un compañero de departamento. Si las partes han acordado desde el principio lo que es importante para ellos –y está firmado y acordado por cada uno de ellos– todo lo que tienen que hacer es recordarse uno a otro el acuerdo. Por ejemplo, a mí no me gustan los platos sucios en la pileta. He acordado que o bien se lavan o bien se ponen en el lavaplatos tan pronto como se termina de comer. ¡Ups! Tengo una tarea enorme en el trabajo y no tengo tiempo de acomodar los platos. No hay problema, es comprensible. Pero si dejo los platos sucios en la pileta todos los días sin falta y empiezan a acumularse y a crear un gran desorden, eso obviamente es un problema. "Teníamos un acuerdo desde el principio, no dejar platos sucios en la pileta". ¿Nos podemos comunicar o no? Si no podemos, entonces ambos acordamos que tenemos que tomar caminos separados.

Ser justo, razonable y comunicarse antes de que los problemas se nos vayan de las manos mantiene la mayoría de las cosas con cierta estabilidad. Si piensas que estás siendo botado, tienes que asegurarte de ser tratado con justicia. Remítete al contrato de negocios que firmaste y con el que acordaste, y no seas tan obcecado como para no poder decir: "Lo siento, y trataré de hacer mejor las cosas".

P. *¿Qué haces si tu compañero de departamento se rehúsa a irse?*
R. Cambia las cerraduras.

P. *¿Cuál es el mejor modo de manejar el tema de quién se queda con qué cuando los compañeros de habitación se separan? (Refiriéndonos a muebles, artefactos eléctricos, etcétera).*

R. Conserva las facturas de compra y paga o haz un intercambio

P. *¿Cuál es el consejo que puedes ofrecer a potenciales nuevos compañeros de habitación que estén leyendo esto?*

R. Vive y deja vivir.

P. *¿Cuál es la historia sobre compañeros de habitación más disparatada que hayas oído?*

R. Oí una historia sobre dos chicas que se mudaron a vivir juntas y una era tamaño 8 y la otra tamaño 14. La de talle 14 le pedía prestado prendas de ropa a la que era talle 8. ¿Es eso siquiera posible?

BOTALOPEDIA

▶ Suzanne Somers fue botada por los productores de *Three's Company* debido a varias disputas y un pleito muy público.

▶ Tommy Lee Jones y el ex presidente Al Gore eran compañeros de habitación en Harvard. Se corren rumores de que los dos sirvieron de inspiración para el personaje de Oliver en *Love Story* (escrita por el compañero de Harvard Erich Segal).

▶ *Roommates* es una película de 1995 en la que actuaba Peter Falk y D.B. Sweeney sobre un chico que, después de perder a ambos padres a una edad temprana, es criado por su obcecado abuelo.

▶ Owen Wilson y Wes Anderson eran compañeros de departamento en la Universidad de Texas.

▶ ¿De qué famoso actor era compañero de departamento Robin Williams en Juilliard?
   A. John Malkovich
   B. Christopher Reeve
   C. John Lithgow
   D. Billy Crystal

La respuesta es B: Christopher Reeve.

parte cinco

DOCTORES, ABOGADOS, JEFES INDIOS

dieciocho

EL CONTRATISTA

Indicios de que es hora de botar a tu contratista

▶ Usa tus toallas para manos italianas favoritas para quitar manchas de pintura.

▶ Derriba la pared incorrecta.

▶ Le pides ver su licencia y se ríe.

▶ Te dice que está cansado y te pregunta si se puede quedar a dormir.

▶ Notas que cada vez que se va, tu cepillo de dientes queda húmedo.

Rompe el contrato con tu contratista

Algunos años atrás, mi hermana Susan necesitó un contratista para agrandar su cocina y así albergar a su familia que no dejaba de crecer. Su amiga Mabel le dijo que tenía al "hombre perfecto" para el trabajo: el mucho mayor que ella novio de su hija. Acababa de construirle una terraza a Mabel y ella estaba más que contenta. ¿Qué mejor forma de contratar a un contratista que teniendo una recomendación de primera mano de alguien en quien Susan confiaba?

Pero el "hombre perfecto" apareció en la casa de mi hermana con una actitud menos que perfecta. Pensando que todos poseen bondad en el interior, Susan estaba más que deseosa de dejarlo pasar. Bob era un viejo bastardo cascarrabias, a pesar del hecho de que no podía haber tenido más de cuarenta años. La etiqueta no era su fuerte, algo que no tenía problema en compartir con Susan: "Eructo un montón. Es la forma en que me hicieron". Y después le daba a mi hermana solo un poquito para que viese lo que estaba por venir.

Bob el Constructor (como le gustaba llamarlo a mi sobrino) recorrió la casa, trayendo con él algunas herramientas impresionantes. Golpeó algunas paredes, sacó su cinta de medir, garabateó algunas notas y después les presentó a Susan y su esposo Yosef su plan de juego. Sacaría una pared, abriría otra (dándoles una vista de la sala familiar desde la cocina) y quitaría un baño. Susan y Yosef, que no tenían experiencia con la construcción para nada, aceptaron este plan, como así también su plan de pago, que requería que se le pagase la mitad por adelantado. No fue presentado ni firmado ningún contrato.

Mi hermana tenía solo un requerimiento: que siempre tuvieran una cocina que se pudiese usar, porque alimentar a una familia de seis personas no era barato. "Hecho", dijo Bob el Constructor, y sin factura y poquito más que un apretón de manos, se hizo el trato. Dijo que empezaría al día siguiente, pero su "día siguiente" debe de haber sido alguna especie de código de contratista que significaba dos semanas y media más tarde. Cuando Susan llamaba a Bob para ver dónde estaba, sus llamadas pasaban directamente a correo de voz y él nunca le devolvía el llamado. En cambio, una mañana, mientras los chicos estaban siendo ubicados en la camioneta de la familia, alistándose para enrumbar hacia la escuela, Bob el Constructor apareció con su equipo de trabajo. Susan, a disgusto, le permitió entrar en su casa, menos que emocionada de que la construcción estuviera sin supervisión hasta que ella regresara.

Tres semanas más tarde, las paredes se habían venido abajo, con polvo y lo que más tarde fue identificado como plomo que contaminaba la cocina, la sala familiar y todos los juguetes de los chicos. La cocina había sido convertida en una zona de guerra, con equipo peligroso diseminado por todos lados. En cuanto a lo que tenía que ver con una cocina que se pudiera usar, bien, no había. Cuando Susan se acercó a Bob para hacerle saber su desaprobación, fue recibida por un eructo gigante, seguido de una demanda de más dinero. "Mis hombres no vendrán mañana si no les das más plata. Tú decides (¡Baaaaaarp!)".

Por si esto fuera poco, Bob le dijo a Susan que la pared principal que había demolido tenía una chimenea escondida detrás. Le dijo a Susan que encontrara una forma de solucionarlo. Atónita, Susan le preguntó cómo era posible que no se hubiese dado cuenta de eso antes de comenzar el trabajo. ¿La caldera en el sótano no le daba una pista? La respuesta de Bob: "La mierda sucede"; palabras que no quieres oír de un contratista.

Susan y Yosef pasaron una noche sin dormir, preguntándose cómo habían hecho para meterse en un lío tan grande. Era hora de cortar sus pérdidas y hacer que Bob se fuera. Susan preparó un discurso en el que le decía dónde podía poner esas viejas y oxidadas herramientas suyas, y deseando secretamente poder realmente mostrarle. Mientras Susan y Yosef miraban cómo se levantaba el sol, Susan caminaba de un lado para el otro, ensayando su discurso. Cuando el auto de Bob se detuvo en el camino de entrada, ella se dirigió hacia la planta baja.

Bob estaba en lo cierto; su gente no venía. Susan caminó hacia Bob, que estaba ahora bebiendo una Tab y mirando tranquilamente el bosque del exterior de la casa. En lugar de lanzarse a pronunciar su discurso preparado, miró la ventana que daba al bosque y dijo: "¿Sabes, Bob? Pienso que estamos todos hechos. Nosotros nos hacemos cargo desde ahora. Gracias de todos modos". Y, con un último enorme eructo, Bob el Constructor pasó a la historia.

Lo que aprendí

Yo me parezco mucho a Susan, de modo que habría hecho exactamente lo mismo y hubiera tomado a la primera persona que hubieran recomendado sin hacer ninguna investigación ni preguntarle si tenía alguna licencia de contratista válida otorgada por el estado. Me azoró descubrir cuán fácil es para cualquiera llamarse a sí mismo contratista. Basta imprimir una tarjeta en la computadora y *voilà*, ¿adivina quién es un contratista con licencia? ¡Tú!

De modo que aquí está lo que aprendí. Nunca pagues más del diez por ciento por adelantado. Si tu contratista dice que necesita el dinero para comprar materiales, sé escéptico, porque los contratistas con mejor reputación tienen cuentas abiertas en las tiendas con las que hacen negocios. El único poder que tienes sobre tu contratista es el dinero, de modo que proponle un esquema de pago que refleje el trabajo hecho en la casa. Y asegúrate de tener todo por escrito, desde una lista completa de materiales hasta un resumen detallado del trabajo que debe hacerse, un precio completo de todo y alguna especie de cláusula que establezca las multas si el trabajo no es hecho a tiempo. Antes de firmar cualquier contrato, asegúrate de insistir en un período de gracia de tres días. Esto te permite cambiar de parecer o hacer cualquier pregunta que puedes haberte olvidado de formular. Muchos estados requieren esos tres días de gracia por ley. Usa esos tres días para revisar cada línea de tu contrato, incluyendo la letra chica; no lo arrumes sin más repaso en un cajón.

Asegúrate de que tu contratista y sus trabajadores estén asegurados. No des por sentado que lo estén o puedes encontrarte a ti mismo en algún problema legal serio. El seguro de indemnización de un trabajador te protege en caso de que un trabajador se lastime en tu casa y el seguro de responsabilidad general te cubre en caso de que el contratista dañe tu propiedad. Asegúrate de tener una copia de todas las tarjetas de seguro y confirma que sean válidas.

A continuación, revisa todas las reglas básicas con tu contratista antes de que él comience el trabajo. Entrégale una lista de pautas para que él y su gente sigan. Depende de ti hacer una lista de cuáles habitaciones en tu casa están fuera de los límites, tanto como sugerir la adecuada norma de comportamiento, especialmente cuando estén presentes los niños. Dile cuáles son las horas en que para ti es cómodo que ellos trabajen. Señala los lugares de almacenamiento de material o herramientas apropiados. Te sorprendería ver cuántos trabajadores piensan que la entrada del auto completa es lugar para sus herramientas y materiales. Lo mismo cuenta para los baños: ¿quieres que usen un baño específico en tu casa o preferirías alquilar uno para fuera de la casa?

Tomándote el tiempo para aprender todo lo posible sobre el trabajo que quieres que se haga en tu casa y los materiales que se necesitan, tienes más sentido común y menos posibilidades de ser engañado. Sitios web como Angielist.com y Contractors.com pueden ser extremadamente útiles. Ellos ya han hecho la mayor parte del trabajo a pie por ti, buscando y constatando quiénes son los contratistas con licencia, y también proveen ejemplos de contratos. Además, Contractors.com tiene un glosario fácil de comprender de términos que se encuentran en la mayoría de los contratos y un estimador de costo que calcula los costos de tu proyecto.

Chanchullos del contratista

1. Mantente alerta a los delincuentes que se presentan como contratistas que reparan casas puerta por puerta. Estafan a los dueños de las casas y a menudo se aprovechan de los ancianos; atraen a sus blancos al ofrecerles inspecciones complementarias y después ofrecen arreglar el (a menudo ficticio) problema inmediatamente, a cambio de un pago en efectivo. La mayoría usa números de teléfonos libres de cargo (800) y conduce vehículos con chapas de patente de otro estado o llega en un camión o camioneta sin identificación.

2. Dicen que tienen materiales que les han sobrado de otro trabajo y pueden ofrecértelo por un precio con un gran descuento.

3. Usan "sellador" que no es nada más que un producto de marca diluido con agua.

4. Exageran el número de latas de pintura que usan.

5. Les cobran a los dueños de casa por un nuevo techo, pero en realidad solamente deslizan unos pocos trozos de material más nuevo sobre el techo ya existente.

Prepárate bien

▶ Revisa tu contrato y busca con cuidado una cláusula de salida, que declare claramente cómo deberían resolverse los problemas.

▶ Asegúrate de que tu contratista tenga una licencia de contratista válida otorgada por el estado en el cual vives y no simplemente una licencia comercial. Una licencia comercial solo significa que ha abierto un negocio; no prueba que haya sido entrenado o le hayan otorgado una licencia como contratista. Copia el número de la licencia, después llama al consejo de contratistas con licencia de tu estado y verifícalo junto con el nombre y número de la compañía. Si la licencia es de otro estado, la ley podría no protegerte. La buena noticia, de todos modos, es que podrías no estar en un contrato vinculante legalmente. Por ejemplo, en California, es ilegal para cualquiera llevar a cabo un trabajo de construcción de un proyecto de $500 o más sin la licencia de California pertinente.

▶ Llama al Better Business Bureau y constata si tu contratista tiene registrada alguna violación.

▶ Adviértele. No des por sentado que tu contratista se imaginará por sí mismo. Debes ser un participante activo. No le des el control. Desde los horarios y planificación hasta los costos que suben, hazle saber qué no te complace y dale la oportunidad de que arregle las cosas. La comunicación pobre es lo que conduce a costos que ascienden sin fin. Dile a tu contratista que tiene que arreglar las cosas que no están funcionando bien.

▶ Envíale una carta certificada por el correo electrónico, escribiéndole sobre tus preocupaciones lo más detalladamente posible. Podrías llegar a necesitar esta carta como evidencia en la corte, de modo que haz una copia para tu archivo.

━━━━━

Cómo botarlo

Advertencia: No hagas enojar a tu contratista, ya que eso puede conducir a serios problemas. Piensa en maquinaria pesada y trabajo eléctrico al descubierto. Lo último que quieres es darle una razón para causar más daño a tu casa, de modo que recuerda permanecer calmo y compuesto mientras lo botas.

TIRANDO ABAJO LAS PAREDES

Si has expresado tus preocupaciones y todavía sientes que de algún modo no estás siendo escuchado, es hora de sentarte con él y decirle exactamente qué quieres que suceda.

Advertencia: Cuando despidas a un contratista con quien tengas un contrato, debes pagarle el dinero prometido, ya que los contratos te convierten a ti en legalmente responsable.

PASOS

1. **Programa un momento para que se encuentren para hablar.**

2. **Comienza con un halago o algo positivo. Por ejemplo:** *"La nueva bañera se ve excelente".*

3. **Bótalo.** *"Pero te he pedido que arregles la pileta y te he dado muchas oportunidades para hacerlo. Me he quedado sin tiempo, sin paciencia y, ahora, sin dinero. Me gustaría pagarte por el trabajo que has hecho y terminar aquí".*

4. **Deja que te responda. Puede ser que él trate de resol-verlo contigo.**

5. **Si está de acuerdo en que le pagues e irse, haz que firme una exención del derecho de retención que le impida ir legalmente tras tu propiedad para recuperar dinero.** *"Aprecio tu comprensión. Si simplemente firmaras esta exención, me complacerá extenderte un cheque".*

6. **Agradécele y págale por el trabajo que ha completado, una vez que haya firmado la exención.**

WWW.ANGIELIST.COM

¿No quieres botar a tu contratista? ¡Deja que Angie lo haga por ti! Angielist.com es un sitio web que les permite a los propietarios de casas compartir experiencias de la vida real con compañías de servicio locales. También provee un servicio de terceros para ayudar a los miembros a restablecer el diálogo con sus contratistas. Para aquellos que califiquen, Angie´s List contactará un contratista en tu nombre y potencialmente publicará los resultados en su revista. Si tu contratista no responde a las quejas, su nombre podría ser publicado en la sección "Penalty Box" de la revista.

ÁRBITRO/MEDIADOR

Las diferencias de personalidad y los temas de dinero son las razones más importantes por las que las cosas no funcionan con los contratistas. En estos casos, una de las mejores opciones es sentarse con un tercer mediador neutral. Puede ayudarte a resolver tus diferencias a un muy bajo costo, y pueden ser encontrados en las Páginas Amarillas, a través del Department of Consumer Affairs (Departamento de Asuntos del Consumidor) local, o prueba con la American Arbitration Association (Asociación de Arbitraje Americana), en www.adr.org. La mediación es menos formal que ir a la corte, cuesta menos y es muchísimo menos estresante. La otra ventaja es que la mediación y el arbitraje no entran en archivos públicos, dándole a tu contratista más incentivo para querer resolver las cosas. Los mediadores que se encuentran en el sitio web de la American Arbitration Association tienen un mínimo de quince años de experiencia profesional. Los árbitros también pueden encontrarse en este sitio. Son abogados o jueces entrenados en el manejo de las disputas, cuyas decisiones son firmes y vinculantes.

CORTE

Cuando todo los demás recursos fallen, lleva a tu contratista a la corte. Dependiendo de la suma involucrada (y del estado en que vivas), puede ser que puedas ir a pequeñas cortes de reclamos, pero sé consciente de que no es mucho lo que una corte puede hacer para garantizarte que te paguen. Además, puede llevar mucho tiempo concretar una cita en la corte. Una persona con la que hablé tuvo que esperar por más de nueve meses. Si quieres ir a la corte, asegúrate de brindar evidencia sólida de que tu contratista es responsable de tu problema; y, lo más importante, asegúrate de que tu contratista tenga el dinero para pagarte si pierde.

Si fuera necesario

EL PROGRAMA

¿Adivina quién fue elegido para estar en un programa de *Home Makeover*? ¡Tú! Hazle saber a tu contratista que desde este momento en adelante ya no necesitas sus servicios, ya que la tuya será la casa exhibida en un episodio por venir del programa. ¡Qué afortunado eres!

P&R
Adam Carolla
ACTOR, COMEDIANTE Y ANFITRIÓN DE RADIO

P. *¿Cuál es la mejor forma de botar a un contratista?*

R. Te has distanciado con el tiempo y quieres comenzar a ver otros sustitutos. O puedes usar la que yo uso: "No eres tú, soy yo".

P. *¿Cuáles son las luces rojas que te dicen que tu contratista apesta y tienes que botarlo?*

R. Aquí están los signos de advertencia de que es un mal constructor: si descubres que sabe cómo manejar una computadora para alguna otra cosa que no sea dar facturas; o quiere ir a cualquier lado durante el fin de semana que no sea el río; o no es un racista/fanático, entonces tienes un mal constructor en tus manos.

P. *¿Cómo sabes con seguridad que tu contratista no te está robando ciegamente?*

R. Que te roben es la menos importante de tus preocupaciones; es la violación la que te dolerá.

P. *¿Qué es lo que la mayoría de los dueños de casa se olvidan de preguntar a sus contratistas antes de firmar su contrato?*

R. Su signo en el zodíaco.

P. *¿Hay una forma de poner una cláusula en un contrato que le permita a alguien romper con su contratista si tuviera que hacerlo?*

R. Sí, se hace todo el tiempo: se llama un acuerdo prenupcial.

P. *¿Cómo haces para lograr que tu contratista aparezca a tiempo?*
R. Asegúrate de deberle siempre dinero.

P. *¿Cómo logras que un contratista complete su trabajo a tiempo?*
R. Refiérete a la respuesta anterior.

P. *¿Le puedes pedir a tu contratista que use desodorante?*
R. Podrías, pero entonces tendrías que vértelas con todos los sub-contratados, los peones, etc. Mejor simplemente te pones un poco de bálsamo mentolado en tu labio superior, como en la escena de la autopsia en *Silence of the Lambs*.

P. *¿Cómo le dices a tu contratista que mantenga sus guantes fuera de tu heladera?*
R. Dile que eres vegetariana.

P. *¿Cuál es el consejo que todo dueño de casa debería conocer?*
R. Cómo esconder pornografía.

P. *¿Es verdad que realmente tienes un asteroide al que se le ha dado tu nombre?*
R. Sí, y más adelante este año, cuando choque contra Texas, tendré que dar un montón de explicaciones.

BOTALOPEDIA

▶ De acuerdo a Harvard´s Joint Center for Housing Studies (Centro Conjunto para Estudios de la Vivienda de Harvard), los americanos gastan 155 billones de dólares cada año para remodelar sus casas.

▶ ¿Estás buscando un contrato para que firmen tú y tu potencial contratista? Visita el sitio web del American Institute of Architects (Instituto Americano de Arquitectos) en www.aia.org y descarga uno.

▶ Remodelar un dormitorio en el altillo es la mejor inversión para un propietario de casa americano, de acuerdo al informe de 2007 costo versus valor de la revista *Remodeling*.

▶ Los contratistas cobran tasas más bajas (como del 5 al 7 por ciento) por trabajar durante su tiempo de menor trabajo anual.

▶ Los contratistas son mucho más productivos y eficientes en tiempo más frío que en el calor del verano.

diecinueve

LA CONTADORA

Indicios de que es hora de botar a tu contadora

▶ Cuenta con sus dedos.

▶ Te pregunta qué es un 1099.

▶ Se queja contigo acerca de lo difícil que es ser disléxica.

▶ Te dice que está bien crear personas a cargo imaginarias, ¡como la familia de ardillas que vive afuera de la ventana de tu dormitorio!

▶ Te dice que esta es la última vez que podrá hacer tus impuestos durante los próximos cinco años (que serán solo dos con buena conducta).

Toma tu dinero y lárgate

Yo soy una persona bastante perezosa. Si no *tengo* que hacer algo, probablemente no lo haré. ¿Ejercicio? No, gracias. ¿Comer algo saludable? Solo si sabe bien. ¿Hacer mis propios impuestos? Ni por casualidad. Mi idea de hacer impuestos es ubicar un montón de facturas en una bolsa y, cuando llega marzo, enviarlas por correo certificado a mi contador Joe en New Hampshire, un estado en el que no he vivido por años.

Los contadores simplemente no eran algo en lo que yo pensara, hasta el año pasado. Una noche en que estaba en una fiesta, me encontré en el medio de una conversación que versaba sobre contadores. Era una discusión "mi contador es mejor que tu contador". De todos modos, dado que todos en la mesa trabajaban en el negocio del entretenimiento, la conversación sonaba muy parecida a un discurso para un programa de juegos de la televisión (inserta aquí la voz en *off* del anfitrión de la televisión): "¡Dos personas, el mismo trabajo, y dos locos contadores se enfrentan! A competir. ¡¿Quién ahorrará la mayor cantidad de dinero en impuestos por ingreso hoy?! Descúbrelo esta noche, ¡en vivo!". Mientras yo estaba sentada allí, escuchando el número de cancelaciones de pago que estas personas estaban teniendo cada año, quedé anonadada. Todos ellos eran escritores y animadores como yo; la única diferencia era que ellos estaban consultando célebres contadores de Hollywood. Yo quería ver a un contador elegante de Hollywood.

El primer paso sería darle la noticia a mi padre, que yo sabía defendería a Joe, dado que había hecho los impuestos de nuestra familia durante cuarenta años. Me preparé para esa conversación. Para lo que no estaba lista era para que mi padre me dijera que Joe no había hecho mis impuestos por años; alguien llamada

Cassie los estaba haciendo. ¿Eh? ¿Cassie? ¿Quién es Cassie? Por más de una década yo había estado enviando mis impuestos con notas personalizadas deseándoles a Joe y su familia mucho bienestar, y durante todo ese tiempo habían sido entregados en realidad a una persona llamada ¿Cassie? De acuerdo a mi papá, Joe todavía trabajaba en la firma, pero había ascendido en su puesto y solo estaba manejando "clientes grandes" ahora.

Yo estaba enojada y sin embargo curiosa al mismo tiempo. ¿Quién era esta Cassie? ¿Cuántos años tenía? ¿Siempre había querido ser contadora? ¿Le gustaba su trabajo? Aparentemente, tanto mi papá como mi hermana la conocían muy bien. Levanté el teléfono y llamé a mi hermana para preguntarle por Cassie. "Es tan extraño", me dijo. "¡Yo soy IMing con ella en este momento!". ¿Qué? ¿Todo el mundo era amigo de ella? Me sentí engañada. No podía comprender cómo nunca se le había ocurrido a ella llamarme y presentarse. Me la imaginé leyendo mis notas a Joe, soltando una risita, y después tirándolas a la basura.

A continuación, en un raro estado de enojo, levanté el teléfono y marqué el número de la firma de contadores. Iba a botar a Cassie. Hablaría con ella, me presentaría y después la botaría directamente. Un ring, dos rings, tres rings y después levantaron: "Habla Joe". ¿Joe? Quedé completamente helada y corté. Durante los próximos siete segundos me senté allí preguntándome por qué no había respondido el teléfono una recepcionista. Después me di cuenta de que era porque yo había llamado a Joe a su teléfono celular, no a la oficina. A continuación, mi teléfono sonó. Miré al identificador de llamadas y vi que era Joe el que llamaba, de modo que hice lo único que podía hacer en ese momento; levanté el teléfono y con mi mejor acento chino respondí. "Restaurante de Lucky Chang".

Cuando le oí decir a Joe: "¿Jodyne?", repetí: "Restaurante de Lucky Chang, ¿cómo puedo ayudarlo?".

Hubo una pausa incómoda. Despúes dijo: "Estoy confundido. Estoy buscando a Jodyne". Otra pausa. Sabía en cada hueso de mi cuerpo que debería dejar caer el acento y confesarme en lugar de mantener esa horrible farsa.

En lugar de eso, dije: "¡Número equivocado!". Y con eso colgué el teléfono y terminé mi relación con Joe y Cassie.

![barra]

Lo que aprendí

De acuerdo a *Consumer Reports* (Informes sobre el consumidor), menos de la mitad de los americanos que pagan impuestos completan sus propios formularios de impuestos, lo que significa que más del 50 por ciento de todos los americanos entregan sus informes económicos a otras personas. Me pregunto cuántos de ellos se toman el tiempo realmente para revisar cada página de sus declaraciones de impuesto antes de firmar. Detesto admitirlo, pero nunca lo hago. En cuanto recibo el sobre de la oficina de mi contador, garabateo mi John Hancock y así se va. Pero si tienes un CPA, un EA o un abogado de impuestos que lo llena por ti, la línea de más abajo dice que tú eres el único responsable por la información en tu declaración de impuestos. Este capítulo me enseñó cuán importante es tomarse el tiempo para revisar cada página de tu declaración antes de enviar el sobre al Tío Sam, o sino a prepararse para sufrir las consecuencias.

Una de las mayores quejas de los contadores con los que hablé era que sus clientes no los proveían con suficiente información. Un CPA tenía un cliente que se había casado, había cambiado de trabajo y había tenido un bebé, todo en el último año, y no se lo había informado. Él finalmente lo había arreglado, pero le había consumido un montón de tiempo y energía. No es sabio dejar que el contador de uno sea quien una los puntos económicos. Esto significa informar cualquier cambio que hayas hecho durante el año que podría afectar tus impuestos, tal como un casamiento, alguna operación inmobiliaria, hijos o un nuevo empleo.

Necesité hablar con una persona que fue auditada para asustarme e involucrarme más en mis impuestos. Mientras que la antigua yo nunca le formulaba ninguna pregunta a mi contador, la nueva yo ha pensado en toda una lista de preguntas mientras investigaba para este capítulo. ¡¿Adivina quién ya no es tan perezosa?!

Prepárate bien

▸ Asegúrate de tener una copia de tu última declaración de impuestos. Si no la tienes, llama a la oficina de tu contadora y pide una.

▸ Decide cuánto quieres compartir con tu contadora sobre las razones que tienes para dejarla. Si ha cometido errores en tu declaración, piensa en la posibilidad de llamarle la atención sobre ellos. Es una devolución útil.

▸ Ten otro contador en vista. Si necesitas ayuda, visita www.GoodAccountants.com o www.Accountantratingz.com. Los dos son excelentes sitios que dan un *ranking* a los contadores y preparadores de impuestos en tu zona.

Cómo botarla

¡TE DEDUZCO!

De acuerdo a U.S. General Accounting Office (Oficina Contable General de los Estados Unidos), los pagadores de impuesto sobrepagan sus impuestos en un billón de dólares cada año aproximadamente. Esto significa que muchos más de ustedes tendrían que estar botando a sus contadores, y pronto.

Para aquellos con muy poco contacto con su contador fuera del de entregarle un sobre cada año, llamen a su oficina y cuéntenle su decisión. Hagan que su oficina quite su nombre de su lista de correo y pídanle una copia de la declaración de impuestos del último año si no la tienen. De todos modos, si tu relación con tu contadora es más personal, llámala o al menos escríbele una linda carta o correo electrónico. Después de todo, puede ser que haya pasado tiempo discutiendo tu futuro económico y que tenga un interés personal en tu éxito. Merece que le refresques la memoria.

PASOS

1. **Llámala, envíale un correo electrónico o escríbele una carta.**

2. **Comienza con un halago o algo positivo.** *"Gracias por cuidar mis impuestos durante estos últimos diez años".*

3. **Bótala. Hazlo corto y dulce. Si quieres darle una devolución, hazlo; sino, prueba con:** *"Después de pensarlo mucho, he decidido que es el momento para mí de cambiar de contadora. Gracias por todo".*

4. **Deja que te responda. Si te pide una segunda oportunidad, sé firme.** *"Lo siento, ya he tomado la decisión".*

5. **Agradécele por comprender y di adiós.**

YA NO MÁS FACTIBLE

CPA, EA o abogado de impuestos, ¿sabes la diferencia? Todos los CPAs son contadores, pero no todos los contadores son CPAs.

Los contadores públicos certificados (Certified Public Accountants, CPAs) deben tener al menos un título de licenciado en contabilidad y administración de negocios y haber pasado un examen para obtener la licencia del estado. Ofrecen servicios de inversión, consejo sobre hipotecas, planificación inmobiliaria, y arreglan planes de retiro. Un agente matriculado (Enrolled Agent, EA), por el contrario, es un especialista en impuestos con licencia federal que no necesariamente tiene una educación formal. Los EAs deben aprobar un examen de calificación nacional y tomar veinticuatro horas de educación continua por año para renovar sus licencias. Los EAs pueden manejar una amplia variedad de declaraciones y generalmente cuestan mucho menos que un CPA o un abogado en impuestos (el más caro de todos los profesionales especialistas en impuestos, dado que tuvo que pasar un examen estatal para abogados para especializarse en ley de impuestos). Sin importar a qué contador estés consultando, otra forma de botarlo es haciéndole saber que has decidido ir en una nueva dirección con tus impuestos y vas a comenzar a consultar a otra clase de especialista en impuestos.

LO QUE TÚ DICES: *"Dado que mis impuestos están bastante sencillos este año, he decidido ahorrar dinero y consultar a un agente matriculado en lugar de un CPA. Si mis finanzas se vuelven más complejas en el futuro, me pondré en contacto. Gracias por todo".*

PREPÁRATE PARA QUE DIGA: *"Los impuestos de nadie son fáciles. Recibes aquello por lo que pagas".*

ÚLTIMAS PALABRAS: *"Puede ser que estés en lo cierto, pero por ahora deseo probar otras opciones".*

EL CHICO NUEVO DE LA CUADRA

¿Estás buscando una forma fácil de botar a tu contadora? Dile que has decidido comenzar a hacer tus propios impuestos. La IRS lo hace fácil con su sitio web en www.irs.gov, allí puedes descargar todos los formularios que necesitas (además de las instrucciones necesarias). Incluso tiene una *hotline* para las personas que pagan impuestos, 1-800-TAX-1040, que según informa el IRS tiene un 91 por ciento de tasa de precisión.

Si fuera necesario

RECIÉN CASADA

Dile a tu contadora que te acabas de casar, y ahora en adelante llenarás declaraciones conjuntas con tu pareja. Explícale cuán apegado es tu esposo a su contadora y agradécele por toda su ayuda.

ME MUDO

¡¿Adivina quién se está mudando de estado?! Tú. Si tu contadora te dice que ella puede hacer los impuestos de cualquier estado, hazle saber cuán importante es para ti compartir un tiempo de calidad frente a frente con tu contador.

P&R

Bruce Miller

AGENTE MATRICULADO POR MÁS DE VEINTE AÑOS, ESPECIALIZÁNDOSE EN EL CINE, LA TELEVISIÓN Y LA MÚSICA

Socio en Bruce Miller & Associates en Sherman Oaks, California

P. *¿Por qué usar un contador?*
R. La ley de impuestos es compleja y cada año se pone más compleja. La IRS pasa una porción significativa de su tiempo e invierte una porción significativa de sus recursos corrigiendo errores de las declaraciones que la gente se prepara por sí misma. TurboTax y software online no son substitutos eficientes de los profesionales entrenados.

P. *¿Por qué la gente tiene miedo de ir a ver a sus contadores?*
R. Si obtuviera un dólar por cada vez que he oído "preferiría ir al dentista", estaría dos años más cerca de mi retiro. El dinero de todos es difícil de conseguir, y nosotros somos los voceros de las malas noticias de cuánto les será retenido.

P. *¿Qué debería hacer alguien que descubre que su contador ha cometido un error en sus impuestos? ¿Quién es el responsable?*
R. Debería notificar a la firma o al individuo inmediatamente y obtener una explicación de cómo sucedió. Después de que esto ha sido explicado, pregúntales cómo lo arreglará o encarará, ¿y él pagará todos los intereses y punitorios?

P. *¿Cuál es la mejor forma de botar a tu contador?*
A. En persona, si tienes el temple; por teléfono, carta o correo electrónico también está bien. Hazle saber por qué te estás yendo.

Si los honorarios son demasiado altos, hay demasiados errores innecesarios, una mala actitud o una diferencia de opinión sobre cuán agresivas deberían ser las deducciones, etc., déjaselo saber. Si tú te vas sin hacer ningún comentario, él no tendrá nunca la posibilidad de arreglar el problema.

P. *¿Cuál es el error más grande que la gente comete con sus impuestos?*
R. Rutinariamente piensan que cada dólar de gasto deducible equivale a un dólar de impuesto reducido. Yo pagué $25.000 en interés de hipoteca y di $1.000 a una obra de caridad, de modo que mis impuestos deberían bajar $26.000, es lo que usualmente oigo.

P. *¿Cuál es la deducción más exagerada que la gente tiende a reclamar?*
R. Las deducciones por caridad, por remates silenciosos, productos comprados cuando no se tiene derecho y exagerado valor de las mercaderías donadas son una grande. Para las deducciones de negocios, el porcentaje de uso por negocio del auto, comidas y regalos también está por allí arriba.

P. *¿Cuál es la deducción más extraña que uno de tus clientes trató de reclamar?*
R. Probablemente el sistema de seguridad de su oficina, que consistía en alimento para perros y cuentas del veterinario.

P. *¿Cuál es tu chiste contable favorito?*
R. ¿Qué usan los contadores para la planificación de nacimientos? Su personalidad.

P. *¿Quién es el mejor contador: Norm de* Cheers *o Henry de* Ugly Betty?
R. Norm. Él es el "hombre de a pie".

Botalopedia

▶ El gobierno de los Estados Unidos botó a la firma de contadores Arthur Andersen, después de que a la firma se la declaró culpable de cargos criminales en conexión con su manejo de la auditoría de la compañía de energía Enron.

▶ La IRS procesó aproximadamente 135 millones de declaraciones de impuestos por ingresos personales en 2007.

▶ En 2005, 1,2 millones de declaraciones fueron auditadas por la IRS.

▶ El comediante Bob Newhart comenzó a desempeñarse como contador; lo mismo hizo el músico de jazz Kenny G.

▶ La Ohio State University es el hogar del Salón de la Fama de la Contabilidad, que honra las contribuciones sobresalientes a la profesión.

▶ El primer examen de CPA se dio en New York, ¿en qué año?
   A. 1786
   B. 1896
   C. 1928

La respuesta es B: 1896.

veinte

EL ABOGADO

Indicios de que es hora de botar a tu abogado

▸ Su título en leyes viene de la contratapa de un librito de fósforos.

▸ Su idea de un caso es Bud Lite.

▸ Aplaude cada vez que un abogado señala algún punto particularmente saliente.

▸ Sus horas facturadas incluyen viajes a Hawaii.

▸ Entras a la corte y el abogado oponente le choca cinco, mano a mano, cuando ve a tu abogado.

Desacatando a tu abogado

Cuando la gran inundación tuvo lugar en el estacionamiento de mi edificio (debido a la negligencia del propietario de mi departamento), seis de nosotros cuyos autos fueron destrozados hicimos causa común para buscar un abogado. Era hora de hacer que nuestro propietario se hiciera responsable de sus acciones.

El hombre alfa de nuestro grupo de seis dio un paso al frente e hizo una cita para que viéramos a un abogado ampuloso de Beverly Hills. Yo llegué, dejé mi auto alquilado con el elogioso servicio de *valet* de la firma de abogados y saludé a mis vecinos que estaban en la sala de recepción, bien vestidos y listos para la batalla. Entramos a la sala de espera, que nos pareció más un salón VIP de un club nocturno que el de una firma de abogados, con iluminación ambiental, una barra express con una barrista, y bandejas de panecitos. Nos sentamos, bebimos nuestro elegante café y dimos rienda suelta a nuestros comentarios sobre nuestra falta de calefacción, nuestras canillas que perdían y el agua que corría en nuestros inodoros constantemente. A medida que la cafeína entraba en nuestro caudal sanguíneo, nos irritábamos en mayor medida. Estábamos enojados hasta el infierno con nuestro propietario y no toleraríamos nada más. Walter, nuestro propietario de viviendas en barrios bajos, ¡se estaba hundiendo!

Sean, nuestro abogado de alto nivel 90210, tenía toda la energía y excitación que podrías desear para un abogado. Nos sentamos en su oficina de la alta torre con vista a la ciudad y lo escuchamos hablar. El único problema era que yo no podía entender una sola palabra de lo que estaba diciendo. Además de toda la jerga legal que utilizaba, tenía un acento muy fuerte. ¿Francés? Tenía alguna especie de acento gangoso, por eso yo estaba desconcertada. A medida que seguía hablando, mis ojos vagaban por sus paredes, en las que vi varios afiches de jugadores de hockey y hojas de arce. Hmmm. Eso no es muy francés. Cuando localicé su diploma de la escuela de leyes, entrecerré los ojos y el misterio fue resuelto: Université de Montréal. ¡Canadiense! Todavía no tenía idea de qué era lo que salía de su boca, pero mirándolo hablar yo estaba cautivada; su carisma natural me embelesó y espantó las pavadas. Lo que sí oí, de todos modos, me gustó, tal como "¡Es hora de hundir al propietario!". Eso fue seguido por un golpe enorme al pecho a lo Celine Dion. "¡No, ¿quién está conmigo?!". Lo saludamos mientras él corría con toda confianza alrededor de la habitación, palmeteando nuestras manos como un jugador de béisbol que ha ganado un cuadrangular y está rodeando la base del bateador. Cuando los saludos se apagaron, el hombre alfa de nuestro grupo mencionó el temido tema del dinero. ¿Cuánto iba a costar todo esto? "Ustedes me dan una petite iguala y el guesto me lo dehan a mí. Consígame los documentos de todos ustedes, yo comienzo expediente y desbués dizcutimos el rezto. No se preocupen. Vamos a echar a andar esa plata". De modo que le pagamos una petite iguala y dejamos su oficina destellando emoción. Teníamos un abogado, uno de Beverly Hills, por si fuera poco. Esto iba a suceder realmente. La pelota estaba rodando, y provocaba la sensación de ser poderoso.

Unos pocos días más tarde, después de recibir nuestros papeles, Sean me llamó. Es gracioso cómo la persona que menos entendía su acento fue la que él eligió para llamar. Di por sentado que era porque yo trabajaba desde mi casa, y entonces era más fácil de encontrar. Más tarde descubrí que era la única que le había dado su número verdadero. Sorprendentemente, era más difícil aún comprenderle en el teléfono que en persona.

Yo repetía: "¡¿Lo siento?! ¿Me lo repite?".

Eso solo lo hacía gritar. Pude entender lo siguiente: "¡Más dinero! ¡Mucho más!". Seguido por "¡Ningún expediente!".

Esperé que hiciera una pausa que indicara que había terminado, y entonces dije: "De acuerdo, déjame hablar con mis vecinos y ver qué opinan todos. Merci".

El consenso general fue que todos querían que Walter pagara, pero no si eso significaba soltar grandes cantidades de dinero. Le pedí al hombre alfa que llamara a Sean y se lo dijera, ya que él era quien lo había encontrado en principio, pero el hombre alfa repentinamente se transformó en Aipha Wuss, mirando fijo el suelo y murmurando algo así como que estaba ocupado. Nadie se ofreció a llamar a Sean y contarle las noticias.

Los abogados me intimidan, especialmente aquellos a quienes no puedo comprender. De modo que yo no me ofrecí a llamarlo. Aunque eso no impidió que él siguiera llamándome. Comencé apagando las campanillas del teléfono, esperando que él dejara de llamar. Cuando me di cuenta de que no lo haría, opté por la forma más sencilla de escapar que conocía. Sabiendo que los abogados de alto nivel no responden el teléfono en persona, llamé a su asistente, deseando que ella lo botara por mí. Le dije que no teníamos el dinero para continuar y que entonces ya no podríamos seguir adelante con el caso. Después le agradecí y le pedí que por favor le agradeciera a Sean de parte de todos nosotros. Colgué con un enorme suspiro de alivio. Lo hice. Fiuuu. Cinco minutos más tarde sonó el teléfono. Miré al identificador de llamadas y vi que era Sean; naturalmente, dejé que fuera a la casilla de mensajes de voz. Hice lo mismo con la llamada posterior a esa, y con la próxima y la próxima. Hasta que finalmente, dejó de llamar.

A medida que el tiempo pasaba y yo me cruzaba en el corredor con mis vecinos, todos forzábamos de algún modo una sonrisa al otro, pero estábamos muy lejos del día en que todos nos reunimos en la sala de espera de la oficina de Sean en Beverly Hills. Hablamos algo sobre la posibilidad de encontrar otro abogado, uno que trabajara casos de contingencia, pero nunca sucedió.

■■■■■■

Lo que aprendí

Yo debería haber despedido a Sean por teléfono en lugar de llamar a su asistente y hacer que ella hiciera el trabajo sucio. Entonces, ¿qué hacer si los abogados me intimidan? La única forma en que dejarán de asustarme es si yo le pongo un fin a eso. Esto significa no permitirles que me avasallen. He visto una gran cantidad de abogados a través de los años, y la mayor parte de las veces yo me cruzaba de brazos y dejaba que ellos hicieran su trabajo, rezando para que volvieran con buenas noticias. Rara vez formulaba alguna pregunta y si lo hacía, generalmente no comprendía la respuesta. Además de todo eso, he firmado incontables contratos y otros documentos legales a lo largo de los años sin mucho más que mirarlos. Si alguien me decía "firma aquí", lo hacía, sin hacer ninguna pregunta. Soy afortunada por haberlo hecho hasta ahora sin meterme en algún tipo de problema (toco madera). Esta mañana, escuché las noticias locales y vi a cientos de personas haciendo cola frente a su banco, reclamando su dinero. El banco había entrado en tiempos difíciles y se veía forzado a cerrar inmediatamente. Mucha de esa gente había firmado contratos con el banco sin leer la letra chica, que declaraba que sus cuentas estaban aseguradas solo hasta los $100.000. Si tenían más dinero que ese monto asegurado, no estaban protegidos. Eso me bastó. De hoy en adelante, no voy a firmar ningún otro documento sin leerlo primero. Si tengo preguntas, las formularé. Lo mismo para los abogados; si empiezan a hablarme en jerga legal o en francés y no comprendo, levantaré mi mano y no la bajaré hasta que reciba una respuesta que tenga sentido para mí. Mientras que investigaba para este capítulo, descubrí una gran cantidad de sitios web que descomponen los términos más comunes que usan los abogados y describen lo que significan de un modo que yo puedo comprender claramente. En otras palabras, mis días de sentirme intimidada por un abogado se han acabado.

Prepárate bien

▶ Si esta no es la primera vez que cambias de abogado, pregúntate si vale la pena empañar tu reputación. Las cortes no ven bien a aquellos que cambian de abogados, y lo último que quieres es que te vean a ti como a un problema, piensa en Heather Mills.

▶ Pídele a tu abogado que discuta contigo un marco de tiempo para tu caso. Después asegúrate de que se atenga a él (permitiendo retrasos normales).

▶ Estudia cualquier acuerdo escrito o contrato firmados entre tú y tu abogado. Muchos de ellos tienen cláusulas que discuten los pasos adecuados a seguir si deseas poner fin a la relación. Consulta a otro abogado si es necesario.

▶ Toma nota de los problemas que estás teniendo con tu abogado.

▶ Llama a tu abogado y expresa todas tus preocupaciones. No temas pedir explicaciones cuando sea necesario. Recuerda que está trabajando para ti, y no al revés.

▶ Asegúrate de que puedes realmente botar a tu abogado. Algunos estados requieren el permiso de la corte, especialmente con casos cercanos al juicio.

▶ Antes de botar a tu abogado actual, ten otra/o preparado para evitar demoras. Busca referencias personales, preferentemente de alguien que haya tenido experiencia con el mismo tipo de problemas. Si no puedes encontrar uno, visita la guía de abogados de Nolo en lawyers.nolo.com, la American Bar Association en www.abanet.org, o www.Martindale.com. Legal Match (www.legalmatch.com) te brinda la oportunidad de publicar tu caso en la red gratuitamente, y después abogados locales, previamente sometidos a un control de antecedentes, se contactan contigo.

▶ Prepara lo que le dirás antes de botar a tu abogado.

Temas a tratar en la conversación final/ Carta final a tu abogado

1. Recuperar tu expediente: pon una fecha límite y hazle saber cómo quieres recibirlo. ¿Lo pasarás a buscar o debería enviártelo a algún lugar? Ten presente que en algunos estados no puedes recibir de vuelta tu expediente hasta que todos los costos hayan sido pagados por completo.

2. Arreglar para que te sea devuelto cualquier honorario que hayas pagado por adelantado.

3. Pedir una cuenta detallada por cada honorario pendiente de pago.

4. Si tu caso es una contingencia, discute cómo será compensado tu abogado. Generalmente, tu nuevo abogado le paga a tu viejo abogado el dinero del caso una vez que ha sido resuelto.

Cómo botarlo

ARGUMENTO DE CIERRE

Si estás viéndotelas con un abogado en quien no confías o de quien piensas que te está cobrando demasiado, que no tiene compasión, que hace falsas promesas o maneja tu caso de una forma con la que no estás de acuerdo, y has hablado con él sobre esto y no pasa nada, bótalo. La buena noticia: es más fácil de lo que piensas. Los abogados tratan con el rechazo a diario, desde perder casos a perder clientes. Recuerda, el tiempo es dinero, de modo que cuanto más esperes, más honorarios legales tendrás que pagar.

Cuando despidas a tu abogado, respáldalo por escrito. Si lo haces por teléfono, tan pronto como cortes envíale una carta certificada confirmando que la conversación tuvo lugar. Plantea claramente que ya no necesitarás sus servicios, e incluye la fecha en que deseas poner fin a la relación.

LO QUE PUEDES ESCRIBIR:

Querido_____,

Tal como lo afirmé en nuestra conversación del (inserta fecha), efectiva (inserta fecha), ya no requeriré tu representación legal. Por favor envíame mis expedientes a la siguiente dirección (inserta dirección).

Gracias,

_____

¡ME OPONGO! ¡Y TAMBIÉN LO HACE MI NUEVA ABOGADA!

¿Demasiado tímida como para botar a tu abogado? Contrata una nueva y deja que ella lo haga por ti.

(MALA) PRAXIS HECHA A LA PERFECCIÓN

Los abogados cometen errores; de todos modos, si encuentras que un error es seguido por una pila de otros errores, provocando que pierdas tu caso, podrías llegar a querer considerar un juicio por mala praxis. Llama a un abogado especialista en mala praxis si sientes que tu abogado es negligente al representarte. Si sientes que tu abogado actúa sin ética, presenta una queja ante la asociación de abogados de tu estado y deja que ellos le impongan una medida disciplinaria a tu abogado. Ve a www.abanet.org para encontrar qué agencias tratan la disciplina a los abogados en tu estado. Ten en cuenta que aunque tu abogada puede ser castigada por falta de conducta, es difícil recuperar algo de dinero.

Para aquellos que tengan problemas en cuanto a los honorarios de los abogados, tengan en consideración el arbitraje por honorarios. Es una buena alternativa en lugar de ir a la corte, ya que es menos caro y mucho más rápido. El arbitraje por honorarios es llevado a cabo por la asociación de abogados local o de tu estado. Consulta www.abanet.org para ver asociaciones de abogados del estado.

Si fuera necesario

¡ME VOY A DEFENDER YO MISMA!

Dile a tu abogado que eres una gran fanática de los programas televisivos sobre abogados, desde *Perry Mason* a *Law & Order*. Después hazle saber que has decidido defenderte a ti misma.

Thomas A. Mesereau Jr.

**ABOGADO DEFENSOR DE PERFIL ALTO EN LOS ÁNGELES,
HA REPRESENTADO A MICHAEL JACKSON Y A
ROBERT BLAKE ENTRE MUCHOS OTROS**

P. *¿Por qué la gente se siente tan intimidada por los abogados?*

R. Antes que nada, la mayoría de la gente solo va a ver a un abogado cuando está en algún tipo de dificultad; eso significa que van con alguna sensación de vulnerabilidad. Además, muchos abogados tratan de intimidar y lo logran porque saben que son los únicos que pueden salvar y proteger a su cliente. Los abogados pasan tres años en la escuela de leyes aprendiendo un lenguaje que muy poca gente comprende. Pueden intimidar por el mismo vocabulario que usan. Nuestro sistema de justicia puede producir temor a la mayoría de los individuos. La gente puede perder su libertad, su reputación o su seguridad económica en un sistema de justicia llevado adelante por abogados y jueces (la mayoría de los cuales previamente fueron abogados).

P. *¿Tienes algún consejo para la gente que está buscando contratar a un nuevo abogado?*

R. Uno debería hacer todo lo posible para saber qué reputación tiene un abogado. La mejor gente con quien hablar son los abogados y jueces. Desafortunadamente, algunos abogados son mejores vendedores de sí mismos que abogados. Por el contrario, algunos abogados son excelentes en lo que hacen, pero son pobres en la venta de sí mismos. Solo porque un abogado tenga un nombre en los medios no significa que sea bueno. No dejes que un abogado se alimente de tus vulnerabilidades. Por ejemplo, si un abogado garantiza un resultado, ese podría ser un indicio de que no es ético. Antes de que mi nombre fuera conocido, con frecuencia perdía clientes que iban a consultar a otros abogados porque les daban garantías. Yo nunca le di garantías a un cliente porque siento que no es profesional ni ético. Algunos clientes potenciales se han enojado conmigo porque me rehusaba a darles una garantía. Cuando alguien me dice que otro abogado le garantizó un resultado, lo desafío a que ese abogado lo ponga por escrito. Nunca sucede.

P. *¿Cuáles son los errores comunes que la gente comete con sus abogados?*

R. Primero, mucha gente piensa que su abogado tiene un solo caso, específicamente el suyo. Si un abogado tiene solo tu caso en qué ocuparse, entonces es posible que no sea muy bueno. Los buenos abogados tienden a estar muy ocupados, por lo tanto no te enfades si un abogado no te devuelve una llamada inmediatamente. Los buenos abogados tienen numerosos clientes y responsabilidades porque tienen una gran demanda. Además, algunas personas piensan que saben más sobre lo que necesitan que su abogado, y empiezan a decirle lo que tiene que hacer. Simplemente porque un cliente ha sido exitoso en su propio negocio, no significa que sea igualmente hábil en la profesión legal. Uno no debería contratar a un abogado a menos que quiera escuchar el consejo de este.

P. *¿Cuáles son los errores comunes que los abogados cometen con sus clientes?*

R. Algunos abogados les dan a sus clientes falsas expectativas, haciéndoles pensar que están ganando cuando en realidad no lo están. Otros presentan mal lo que está sucediendo realmente por temor a ser despedidos. Y algunos abogados dicen cualquier cosa con tal de conseguir un cliente, inclusive mienten sobre la ley. Además, algunos abogados temen dar el consejo adecuado, porque saben que otros abogados le están diciendo al cliente lo que el cliente quiere escuchar.

P. *Si sospechas que tu abogado está pasando por una aguda crisis económica, ¿cómo haces para motivarlo con tu caso?*
R. Siéntate con él y mantén una conversación de corazón abierto con él. Sé cándido y exprésale todas tus preocupaciones.

P. *¿Cuáles son algunas de las razones por las que alguien debería botar a su abogado?*
R. Si sospecha que su abogado no está haciendo el trabajo que debería estar haciendo o si siente que le está mintiendo. En ambos casos, se debería tener una conversación de corazón a corazón con el abogado.

P. *¿Qué debería hacer una persona si hay una disputa por dinero?*
R. Discute el tema con tu abogado; si no puedes resolverlo, llama a la asociación de abogados de tu estado. Muchas tienen un programa de arbitraje para resolver disputas entre los abogados y los clientes.

P. *¿Cuál es la forma correcta de botar a un abogado?*
R. Dile a tu abogado que no está funcionando y confírmaselo por escrito. No tienes que dar tus razones. Asegúrate de pedir todos tus expedientes por escrito.

P. *¿Puede un abogado botar a su cliente?*
R. Por supuesto. De todos modos, a veces se necesita un permiso de la corte.

P. *Si botas a un abogado, ¿está todavía obligado por el privilegio abogado-cliente?*

R. Sí. Bajo las leyes federales y de estado, debes permanecer leal al cliente. De todos modos, si tú demandas a tu abogado por mala praxis, muchas de las comunicaciones confidenciales ya no son confidenciales, porque el abogado puede tener que explicar qué trabajo hizo.

P. *¿Cuál es el mejor modo en que la gente se puede preparar para la corte?*

R. Muestra respeto por el sistema de la corte y el proceso legal. Esto significa respetar a todos, desde el juez, y el jurado hasta el personal de la corte. Y vístete en forma apropiada.

BOTALOPEDIA

▶ El abogado criminal defensor de las estrellas de Hollywood, Robert Shapiro, fue botado por el legendario productor de discos Phil Spector (que fue acusado de matar a la actriz de cine Lana Clarkson). Spector afirmaba que Shapiro se aprovechaba injustamente de su amistad personal para tratar de hacer dinero y cosechar publicidad para él mismo.

▶ Sandra Day O'Connor fue la primera abogada mujer en servir en la Corte Suprema de los Estados Unidos.

▶ "Lo primero que haremos será matar a todos los abogados", es el comentario de Shakespeare en *Henry VI* a menudo citado.

▶ Steven Spielberg a menudo llamaba Bruce al tiburón en *Jaws*, el nombre del abogado de Spielberg.

▶ Francis Scott Key, el hombre que escribió las palabras para "The Star-Spangled Banner" era un abogado.

veintiuno

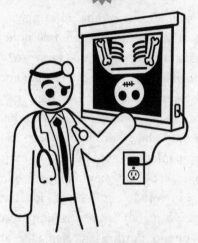

EL MÉDICO

Indicios de que es hora de botar a tu médico

▶ Te pide que le jales de su dedo.

▶ Mira tu herida y dice: "Realmente deberías ver a alguien por eso".

▶ Se desmaya cuando ve tu sangre.

▶ Dice "eeepa" mientras te está revisando.

▶ Te dice en el momento de examinar tus pechos: "¡Yay! ¡Tetitas!".

▶ Señala un bulto en su cuello y pregunta: "¿Debería preocuparme por esto?".

Es hora de pedir una segunda opinión

El verano pasado, mientras estaba en la playa, me estaba aplicando montones de protector solar cuando noté un pequeño círculo marrón bajo mi brazo. ¿De dónde vino eso? ¿Estuvo siempre ahí? ¿Cómo es posible que no lo haya notado antes? Casi con un ataque, saqué el ejemplar de la revista *Los Ángeles* que tenía en mi bolso playero. Era la edición de su anuario *Best of Los Ángeles*. Pasé las hojas de ese bebé casi rompiéndolas, hasta que encontré la sección sobre médicos. Rápidamente le apunté a la sección sobre dermatología, específicamente al médico que por tres años seguidos había sido votado como el "mejor dermatólogo de las estrellas". Ahora, yo no soy una estrella, pero calculé que este doctor debía ser bueno, porque las celebridades tienen estándares muy altos. Inmediatamente levanté el teléfono y llamé a su consultorio. Por suerte, todo lo que tuve que hacer fue pronunciar la palabra con "C" y me hicieron un huequito el mismísimo día siguiente.

El Doctor de las Estrellas tenía un consultorio muy lujoso con una pecera gigante en el centro de la sala de espera. La recepcionista me entregó doce páginas de papeleo y me pidió que tomara asiento. Después de haber completado once páginas del papeleo, una enfermera me acompañó hasta una sala de examen esterilizada y me pidió que me pusiera una bata de papel que estaba plegada sobre la mesa de examen. Después me dijo que el médico estaría en seguida conmigo. Por "en seguida" quiso decir veinticinco minutos más tarde. Veinticinco minutos en los que me obsesioné con el cáncer y me inquieté con mi bata de papel, tratando de adivinar si era un vestido o una camisa. Decidí que era un vestido y me saqué los pantalones, y después deseé haberme puesto mejor ropa interior. Después, otra vez el cáncer. Luego de unos minutos de respirar profundo, me calmé y comencé a pensar sobre cómo podía llegar a lucir mi Doctor de las Estrellas. Estudié sus diplomas que colgaban de la pared y me agradó descubrir que todos eran de muy buenas escuelas de medicina. Empecé a imaginarme que lucía como un Cary Grant joven o como George Clooney. Fuerte, buen mozo, inteligente; ahora, realmente deseaba haberme puesto ropa interior más linda.

Mi fantasía fue interrumpida cuando entonces la puerta se abrió y el Doctor de las Estrellas se apuró en entrar; Cary Grant no era. Se apresuró a revisar mi cara en lugar de mi brazo y habló de memoria, lanzando una letanía a los beneficios del Botox y el Restylane. Le encontró defectos a mi cara durante algunos minutos. "¡Perfecto!", gritó. "Vas a estar tan mentalizada cuando termine contigo". ¿Dijo "mentalizada"?

¿En cuanto a mis temores de cáncer? Apenas miró mi punto marrón, asegurándome que era simplemente una mancha de sol. "¿Realmente? ¿Es eso? Estaba tan preocupada", dije: "¿Está seguro?".

A lo cual él, con fastidio, exhaló y dijo: "Bien, le tomaré una foto si quieres y la próxima vez que vuelvas, puedes ver si hay algún cambio. Pero te aseguro que no lo habrá".

¿Qué era, un chico de cinco años? Dejó la habitación y volvió un instante después con una cámara, entonces agresivamente levantó mi brazo sobre mi cabeza y sacó fotos. Cuando terminó, miró mi cara –no a mis ojos– y dijo: "Ahora, si realmente quieres algo sobre lo que preocuparte, sería si quieres comenzar con el rayo láser V para tus capilares rotos o el IPL para pulir la superficie de tu rostro". Y con eso, yo le agradecí, me puse mi ropa y me fui. Será para otra vez...

De todas las personas con las que he tenido que terminar el Doctor de las Estrellas fue una de las más fáciles. Su oficina, por el contrario, fue una historia diferente. Para el momento en que llegué a casa, mi bandeja de entrada estaba inundada de correos electrónicos de su consultorio sobre ofertas especiales para tratamientos con láser, depilación definitiva y Botox. Incluso me puso en la lista de correo electrónico de su socio, un gastroenterólogo. Rogué, en su consultorio, que quitaran mi dirección de correo de su sistema, pero nunca lo hicieron. Parecía como si cuanto más llamara a su consultorio, pidiéndoles que dejaran de mandarme información, más llamadas telefónicas recibía preguntándome cuándo tomaría mi próxima cita. Tengo la sospecha de que la escritora de la revista *Los Ángeles* que escribió la historia sobre el Doctor de las Estrellas hizo alguna especie de trato con su consultorio: si ella lo incluía en la lista de "Los mejores...", su nombre sería quitado del sistema. Una chica afortunada.

Lo que aprendí

Yo soy miedosa cuando se trata de ver a médicos. Preferiría que me golpearan en el pecho a que alguien me clave una aguja; simplemente escribir la palabra aguja me hace poner la boca caliente y me hace sudar bajo mis brazos. Hablé con muchos pacientes, médicos y enfermeras para este capítulo, y lo que descubrí fue que las mejores relaciones doctor-paciente se forman cuando ambas partes comparten responsabilidad en la toma de decisiones y la planificación del curso de tratamiento del paciente. Sorprendentemente, muchas personas (incluyéndome) llegamos, escuchamos al médico y hacemos todo lo que nos dice sin preguntar mucho. Yo no fui a la escuela de medicina, ¿qué puedo saber? Pero la verdad es que sé mucho más de lo que pienso que sé.

Escribir este capítulo me inspiró a ir *online* y buscar información médica pertinente a mi historia. Incluso comencé un archivo en mi computadora con direcciones de sitios web médicos y escribí preguntas para formularle a mi médico. La antigua yo siempre pensaba que recordaría las preguntas. Aunque tengo buena memoria en mi vida cotidiana, en el instante en que entro a la oficina de mi médico me pongo en blanco. Tengo suerte si puedo recordar mi nombre, ni hablar de la historia médica de mi familia. Un médico con el que hablé en verdad tiene anotadores en su sala de examen, de modo que los pacientes pueden tomar nota de sus preguntas.

Este capítulo me motivó a realmente encontrar un nuevo médico. Pregunté a todas las personas que conocía a quién iban y fui acotando mi lista. Después llamé al consultorio del médico y hablé con su personal. Es sorprendente cuánta información puede proveer el personal, todo, desde un promedio de espera hasta el modo de tratar a los pacientes del médico. Era importante para mí encontrar un médico paciente que escuchara y mostrara compasión. Si siento que me están apurando, me pongo nerviosa. Al final, encontré al médico perfecto para mí: el Dr. Edison DeMello en Santa Mónica, California. Mi primera visita al Dr. DeMello duró dos horas. Para el final de la cita, él sabía los nombres de todos los miembros de mi familia. Hacía que su objetivo fuera escucharme y contactarse conmigo, y funcionó. Le hice preguntas y él respondía usando un lenguaje y un tono que realmente resonaban en mí. Él también insistía en que lo llamara si tenía otras preguntas cuando llegara a casa. ¿Me asustan todavía los médicos? Apuesta. Pero al sentirme con poder a partir del conocimiento, he podido eliminar la mayor parte de mi temor. ¡Ellos pueden haber ido a la escuela de medicina, pero yo escribí un libro!

Prepárate bien

▶ Investiga si hay alguna acción disciplinaria iniciada contra tu médico. Visita www.castleconnelly.com para otros *links* con consejos médicos de todos los cincuenta estados.

▶ Llama al consultorio de tu médico y pregúntale a su personal cómo prefiere tu médico manejar el fin de una relación paciente-médico. Si te aconsejan que pases por el consultorio a visitarlo, hazlo así, simplemente asegúrate de que no te cobrarán por ello.

▶ Ten en vista otro doctor antes de botar al actual. Pide referencias. Si todavía necesitas ayuda, ve a www.webmd.com. O para informes imparciales sobre médicos, consulta www.angieslist.com; este sitio se basa en los informes sobre médicos que sus miembros presentan y le permite responder al médico. Los informes son examinados por el personal de Angie´s list y son investigados cuando es necesario.

▶ Ten cuidado de no quemar puentes. Nunca sabes cuándo vas a necesitar algo de tu viejo médico.

Cómo botarlo

CHEQUEO FINAL

La relación ideal con un médico debería ser una en la cual tú y tu médico resuelven juntos el curso de tu tratamiento. Entregarle el control de uno al médico deja a los pacientes impotentes.

Si no estás satisfecha por cualquier razón, escríbele a tu médico una carta amable. Explícale que estás cambiando de médicos e incluye tanta información como te sea posible, tales como tu dirección, número de teléfono y el nombre de tu nuevo médico.

LO QUE PUEDES ESCRIBIR:

Querido Dr. _____,
Después de una cuidadosa consideración, he decidido cambiar de médico. De modo que a partir de (inserta fecha), seré paciente del Dr. _____. Por favor, envíele toda mi historia médica, incluyendo mis radiografías e informes de laboratorio, a la siguiente dirección _____.

Gracias,

_____

HAZ QUE TU NUEVO MÉDICO LO HAGA POR TI

Bota a tu médico haciendo que lo haga tu nuevo médico. Con tu permiso, el consultorio de tu nuevo médico puede llamar a tu viejo médico y pedirle tu historial médico.

LOS PLANES ESTÁN CAMBIANDO

El sistema de cuidado de la salud de los Estados Unidos está en una seria crisis. La U.S. Census Bureau (Oficina de Censos de los Estados Unidos) informa que 47 millones de americanos no tienen seguro médico. Explícale a tu médico que has cambiado de plan de seguro médico y que sus servicios no están incluidos en tu nueva póliza, o que provisionalmente no tienes seguro.

Si fuera necesario

ESTOY ENAMORADA DE TI

Dile a tu médico que te sientes terriblemente avergonzada, pero estás profundamente enamorada de él. Déjale saber que estabas tratando de trabajarlo en terapia, pero desafortunadamente es tan abrumador que debes absolutamente cambiar de médico. Anda con cuidado o prepárate para que te invite a salir.

¿ADIVINA QUIÉN ENCONTRÓ LA RELIGIÓN?

Los Científicos Cristianos creen que Dios niega el pecado, la enfermedad, la muerte y el mundo material. Los adherentes con frecuencia se rehúsan a los tratamientos médicos tradicionales. ¿Por qué no decirle a tu médico que encontraste la religión y que no tiene lugar para los médicos? Tu vida está ahora en las manos de Dios, no en las suyas.

P&R

Dr. Jason Gonsky

PROFESOR ASISTENTE DE LA DIVISIÓN MÉDICA DE HEMATOLOGÍA Y ONCOLOGÍA

SUNY Downstate Medical Center y Kings County Hospital Center

P. *¿Por qué piensas que es tan difícil para un paciente botar a su médico?*

R. Probablemente porque has hecho una conexión de algún tipo. Puedes haberte abierto de un modo que resultó difícil, revelado algo que te hizo sentir vulnerable, o establecido una relación basada en la confianza y la comprensión. Estas conexiones son difíciles de dejar sin la sensación de temor o un sentido de pérdida. O simplemente puede ser que estés enamorada de él. Me dicen que eso sucede.

P. *¿Cómo botas a tu médico?*

R. Si no has establecido una buena relación, simplemente pídele al encargado de su consultorio una copia de todo tu historial médico y encuentra un nuevo doctor. Si por el contrario sí tienes una conexión con tu médico, pero después de una consideración cuidadosa sientes que lo mejor sería pasar tu cuidado a otra persona, en tu próxima consulta simplemente dile a tu médico que estarás cambiando de profesional. Pregúntale si hay algo en especial que le tendrías que decir a tu nuevo médico. Si tienes alguna condición crónica que el doctor te está tratando, pídele que redacte un borrador de carta para el nuevo médico (cuando le resulte conveniente) y pídele al encargado del consultorio una copia de tu historia médica. Si quieres discutir las razones, hazlo; Sino, no te preocupes. Hay posibilidades de que tu médico tenga tantos, tantos pacientes, que tu pérdida no pesará sobre su cabeza por mucho tiempo. Si no es así y tú estás partiendo por alguna causa, tal vez provocará alguna reflexión.

P. *Cuando botas a tu médico, ¿es mejor hacerlo en persona, por teléfono o por carta?*
R. Para la mayoría de los médicos, las llamadas telefónicas son difíciles. Cuando tú llamas al consultorio, lo más probable es que el médico esté con un paciente y tendrá que devolverte el llamado, tal vez en un momento en que no sea conveniente para ti. Después existe la posibilidad de que sea realmente incómodo. Si sientes que hay algo que necesitas decirle y te expresas mejor por escrito, una carta puede funcionar bien. Solo asegúrate de no escribir nada de lo que pudieras arrepentirte. Si no hay sentimientos duros, simplemente despídete en tu próxima cita.

P. *¿Cuál es la mejor forma para que un paciente mencione un problema que está teniendo con su médico?*
R. Si hay un tema que quieras discutir, deberías dejárselo saber al médico al principio de la consulta. Debido a la organización y a las limitaciones de tiempo, diferentes médicos manejan estos temas de modos diferentes. Pregúntale a tu médico cuál es la mejor forma de discutir tu problema. Podría ser que él prefiera encarar ese tema al final de la consulta, por teléfono después de las horas de consulta, por correo electrónico o en la próxima consulta, dependiendo de la frecuencia de tus visitas. Si tu médico no tiene tiempo o no se hará el tiempo para hablar, ese es un problema.

P. *¿Qué le dices a la gente que está mortalmente temerosa de ir al médico?*
R. Están hablando con uno. Trato de comprender por qué están tan temerosos y después decido si es realmente importante para

ellos hablar sobre eso en ese momento. Algunas personas tienen temor de que les digan oficialmente que están enfermas. Si evitan al médico, el tumor, el dolor, las jaquecas, los sarpullidos, lo que sea, pueden ser ignorados y negados. Algunas personas tienen miedo de ser reprendidas por su obesidad, falta de ejercicio o por seguimiento pobre al plan de cuidado. Un doctor es una figura de autoridad por quien no quieren ser reprendidas. Algunas personas tuvieron malas experiencias cuando eran jóvenes y tenían temor y se sentían impotentes, y asocian ese temor con el médico. Algunas personas simplemente temen la posibilidad de que les descubran una enfermedad.

P. *¿Cuál es la mala interpretación más grande que la gente tiene respecto de los médicos?*
R. Que son todos iguales. Hay muchos tipos de médicos.

P. *¿Cuál es el error más común que los pacientes cometen con su médico?*
R. Pensar que su médico puede leer la mente, pensar que hay una solución fácil o una píldora para todos los problemas, no asumir suficiente responsabilidad por su propio rol en su cuidado, y suponer que tu consulta será exactamente puntual. Siempre trae algo para leer. No pienses que el médico es idiota porque no puede decirte inmediatamente qué es lo que está mal.

P. *¿Qué es lo que más te irrita de los pacientes?*
R. Yo realmente me desvivo para ayudar a mis pacientes, de modo que me irrito cuando los pacientes repetidamente no escuchan, ignoran mi consejo o no continúan por pereza. A veces me irrita un poco cuando los pacientes esperan hasta el final de la consulta y sacan un "Oh, a propósito, estoy perdiendo mucha sangre cuando voy al baño últimamente…". Esperar hasta el úl-

timo momento para presentar el problema real hace perder toneladas de tiempo.

P. *¿Una manzana por día realmente mantiene alejado al médico?*
R. Sí, si la arrojas continuamente contra él.

Botalopedia

▶ Isaiah Washington, el actor que interpretaba al Dr. Burke en *Grey's Anatomy* en la televisión, fue botado por proferir un comentario sobre homosexualidad hacia un compañero de elenco.

▶ Un portavoz (*Spin Doctor* en inglés) es una persona que hace públicas interpretaciones favorables de las palabras y acciones de una figura pública, especialmente un político.

▶ Médicos sin Fronteras es una organización humanitaria médica internacional creada por médicos que creen que todas las personas tienen derecho a un cuidado médico sin distinción de raza, religión, credo o afiliación política.

▶ William Henry Harrison fue el único presidente de los Estados Unidos que estudió medicina.

▶ De acuerdo al *Libro Guinness de Records Mundiales*, Balamurali Ambati es la persona más joven que se haya convertido en médico en toda la historia y en todo el mundo. Se graduó de la Universidad de New York a los trece años y de la Mount Sinai School of Medicine a los veinte años.

▶ ¿En cuál de los siguientes programas interpreta una médica la estrella de *Desperate Housewives*?
  A. *Seinfeld*
  B. *Everwood*
  C. *Ally McBeal*
  D. *Melrose Place*

La respuesta correcta es C: Ally McBeal.
Marcia interpretaba a una arquitecta acusada de acoso sexual.

veintidós

EL MECÁNICO

Indicios de que es hora de botar a tu mecánico

▶ Te pregunta qué es ese sonido metálico.

▶ Le preguntas si tiene una licencia y él te muestra su licencia de conducir.

▶ Se desliza debajo de tu auto con una llave inglesa en una mano y una guía de información práctica en la otra.

▶ Sus manos están limpias y sus uñas están recién arregladas por la manicura.

▶ Te dice que no puede arreglar tu auto porque no sabe cómo manejar una palanca de cambios.

Poniéndole el freno a tu mecánico

Antes de mudarme a Los Ángeles, no sabía nada sobre mecánicos ni sobre autos, en realidad. Compré el vehículo más seguro que conocía, un nuevísimo Volvo, e ingenuamente pensé que nunca necesitaría un mecánico. Calculaba que mi auto tenía una garantía, de modo que si algo andaba mal, lo llevaría de vuelta al concesionario Volvo y dejaría que ellos se encargaran de él. Una vez que la garantía se venciera, simplemente botaría mi viejo auto y me compraría uno nuevo.

Las cosas no sucedieron exactamente como yo las había planeado. Unos pocos meses después de que comprara mi auto, oí un ruido afuera de la casa de una amiga. Corrí hacia fuera para ver lo que había sucedido y allí es donde conocí a Clara, una mujer mayor que había retrocedido con su auto para sacarlo de la entrada para coches de su casa y lo había chocado contra el lado de mi auto. Yo podía ver lo mal que se sentía. Se derramaron lágrimas, se intercambiaron abrazos y ninguna de las dos podía creer que esto estuviera sucediendo realmente. Era claro que ella había cometido un error y sabiendo eso ella me rogaba que no pasara por la compañía de seguros, dado que su cuota subiría drásticamente y ella apenas podía hacer frente a la actual. Acepté eso y le prometí que encontraría un mecánico que cobrara un precio razonable.

Su nombre era Mani Mol. Un buen amigo me lo recomendó, diciéndome que era grandioso y barato. Mani era un hombre indio de mediana edad, bajo y delgado que llevaba puesta una chaqueta granate de Members Only y un peluquín negro que era al menos dos talles más grande para su cabeza, de modo que tenía un hábito perturbador de deslizarse; pero tenía un rostro agradable. Después de contarle la historia de Clara, miró mi auto, evaluó el daño y me dijo que lo haría por $500 en efectivo. Hecho.

Todo estaba bien en el mundo, hasta que llegué allí una semana más tarde para retirar mi auto del taller. Mi Volvo plateado, que tenía un delgado paragolpes que corría a lo largo del lado del conductor y del pasajero de atrás, estaba ahora tapado con pintura plateada. Igual estaba el espejo lateral, solo que lucía más como pintura espray plateada, el tipo que los *taggers* usan para pintar *graffiti* en las paredes de los depósitos. Le señalé eso a Mani, quien parecía genuinamente sorprendido antes de decir: "No hay problema, no hay problema. Vuelve mañana".

Pero cuando regresé al día siguiente, él le había pasado lo que solo puedo imaginarme que era una hojita de afeitar a mi paragolpes. Mi pobre Volvo lucía como si hubiera participado de una riña callejera. Con una inspección desde más cerca del resto de la puerta, la abolladura era todavía notable, incluso creando un efecto de onda. Mani todavía lucía desconcertado y decía: "Se lo ve bien, ¿no?". Mmm, ¡no!

Yo estaba en problemas. Pero había sido mi elección usar a Mani; ya había aceptado el dinero de Clara. Era mi problema ahora. Cada vez que volvía al negocio de Mani, me encontraba con la misma expresión desconcertada. No podía ver el horrible trabajo que había hecho. ¿La onda? "Reflejo de otro auto". ¿Cortes en mi parachoques? "¿Qué cortes?". Lo único que pudo aceptar fue el exceso de pintura espray en el espejo lateral, a lo cual dijo: "¡Ups!".

Así estaban las cosas, yo tenía que botarlo. Dado que no tenía idea de qué clase de daño adicional le había hecho a mi auto, lo llevé a otro taller de reparaciones. El técnico allí me dijo que Mani le había hecho más daño al auto que el que Clara le había hecho inicialmente. Me informó que me costaría tres veces la suma que me había cobrado Mani. Llamé a Mani con esta información y solo le pedí que me devolviese el dinero. Cuando se rehusó, le dije que lo vería en la corte.

Mani trajo a otros dos miembros del club Members Only a la corte con él para apoyo emocional. El juez solo tuvo que mirar la puerta de mi auto estacionado frente a los escalones del juzgado para comprender todo inmediatamente. "¡Esto se ve horrible!", dijo el juez. Después se dirigió a Mani y le preguntó qué tenía para decir para defenderse.

"¿Qué? Está bien. Si usted dice que no está bien, entonces no está bien. Mi mal".

Eso fue seguido por el fallo del juez: "Fallo para la demandante: $1.600".

Lo que aprendí

Soy la clase de chica que espera a que una luz aparezca en su tablero antes de llevar a ver su auto. Soy capaz de conducir con neumáticos que están completamente gastados y no tener idea de que algo está mal hasta que o se caen del auto o alguien me dice algo. Yo temía escribir este capítulo porque tenía tan poca experiencia con los autos y los mecánicos. Me doy cuenta ahora de lo tonta que fui al elegir un mecánico basándome en su precio bajo, incluso si era para ayudar a una señora mayor. Averiguar sobre mecánicos es importante. Hay toneladas de sitios web que otorgan un puntaje a los mecánicos de tu zona; úsalos.

Mi historia favorita de entre las que oí para este capítulo vino de una amiga de un amigo mío. Ella llevó su auto a un taller para que le cambiasen una luz y el mecánico le dijo que reemplazarla le costaría de 40 a 50 dólares como máximo. Cuando pasó a buscar su auto algunas horas más tarde, la cuenta era de $400. Impactada, preguntó de qué eran los $350 extra. Le dijeron que habían necesitado reemplazar el "capacitor de flujo". Ella afirmó con su cabeza y se fue. Cuando le contó a su esposo esa noche, él saltó hasta el techo. ¿El "capacitor de flujo"? Ese es el nombre del dispositivo responsable del viaje en el tiempo en la película *Back to the Future*. El mecánico le devolvió el dinero y confesó que había ganado una buena cantidad de dinero a través de los años usando esa. Apuesto a que sí.

Fue impactante descubrir cuántas quejas han sido enviadas a Better Business Bureau (Oficina de Mejores Negocios) acusando a mecánicos de cobrar por trabajos y reparaciones que ellos nunca hicieron realmente. Yo haré mis averiguaciones de ahora en delante, de modo de no encontrarme nuevamente cara a cara con otro Mani Mol.

Estafas comunes de los mecánicos

1. Decirte que tus frenos se van a acabar en cualquier momento.

2. Aflojar los cables de las bujías y después cobrarte por ajustarlos. Asegúrate de controlarlos tú misma.

3. Verter anticongelante en tu alternador, provocando que salga mucho humo mientras el motor está caliente, después decirte que tu auto necesita muchas reparaciones.

4. Cobrarte por un repuesto nuevo pero usar uno refaccionado o, peor aún, no cambiarlo para nada. Evita esto pidiéndole ver la parte vieja de tu auto y la nueva.

5. Cobrarte por repuestos de marca pero usar en realidad repuestos imitaciones hechas en China.

6. Controlar tu aceite sumergiendo la varilla sólo hasta la mitad, y después cobrarte por una botella entera de aceite y el trabajo.

7. Hacer un agujero en tu neumático. El mecánico hunde un clavo en tu neumático y después te dice que es hora de comprar un neumático nuevo.

Cómo ahorrar dinero

1. Aprende a comunicarte con tu mecánico. Cuando tu auto deje de funcionar suavemente, ¿sabes cómo decirle a tu mecánico qué está sucediendo? Por ejemplo, cuando tu auto se ahoga, ¿entras al taller del mecánico y dices: "Mi auto no funciona"? Aprende a ser específica. ¿Cuándo se ahoga? ¿Mientras que estás conduciendo? ¿Solo cuando te detienes? Si tu auto hace unos extraños ruidos secos, ¿cuándo los oyes?, ¿solo cuando estás doblando? Si tu auto tiembla, ¿sucede en calles asfaltadas o solo en la autopista? También asegúrate de contarle a tu mecánico sobre las condiciones de manejo en las que oían los ruidos o el auto temblaba o se ahogaba. ¿Estaba lloviendo o nevando cuando oíste ese ruido parecido a un zumbido? ¿Qué hay del aire acondicionado?, ¿estaba encendido? Cuantos más detalles puedas proveer, mejor.

2. Edúcate. Compra un libro, pregúntale a un amigo, llama a un mecánico. Aprende a conocer tu auto.

3. Elige el tipo de taller correcto. El trabajo de garantía debería ser llevado directamente al concesionario. Por el contrario, si tu auto no está bajo garantía, piensa dos veces antes de llevar tu auto allí, ya que los precios tienden a ser mucho más altos.

Las cadenas ofrecen reparaciones de rutina tales como frenos, neumáticos, baterías, silenciadores y cambios de aceite, pero no siempre tienen los mecánicos mejor entrenados. Si vas a una cadena, asegúrate de que sea una que se especializa en la reparación que necesitas. Tu mejor apuesta es encontrar un mecánico independiente. Puede cobrarte un poco más, pero si encuentras uno en quien puedes confiar, lo más probable es que ahorres dinero en el largo plazo.

4. La próxima vez que tu auto esté en el taller, formula preguntas. Obliga a tu mecánico a ser tan específico como sea posible sobre el trabajo que va a hacer. Cuanto más involucrada estés, más probabilidades tienes de pagar menos dinero.

5. Después de que tu mecánico te dé un presupuesto, dile que te gustaría consultar a algunos otros mecánicos para comparar precios. Algunos bajan sus presupuestos después de oír eso. Un hombre al que entrevisté tenía una luz de "controle el motor" encendida en su tablero y fue a su mecánico a que se la apagara. El mecánico quería cobrarle $500. Llamó a otro mecánico que le cobraba $60. Cuando yo recibí mi pago del caso contra Mani, fui a un taller de arreglo de carrocería para pedir un presupuesto por el trabajo. El mecánico me presupuestó un precio de $3.200. El taller de más adelante en esa calle, me presupuestó una tarifa de solo $1.200.

6. Dile a tu mecánico con anticipación que quieres ver las partes viejas si algo necesita ser reemplazado. Algunos mecánicos sospechosos te cobran por repuestos nuevos y nunca los instalan.

Prepárate bien

▶ Junta todos tus papeles escritos que incluyan presupuestos, costo de repuestos, trabajo, etcétera.

▶ Lee la letra chica en el taller de tu mecánico. Asegúrate de leer todos los carteles en las paredes y los mostradores. Podrías necesitar esta información si tienes que llevar a tu mecánico a la corte.

▶ Familiarízate con las leyes de tu estado. Muchos estados prohíben a los mecánicos cobrar más del 10 por ciento sobre el precio presentado en el presupuesto original. Tampoco pueden trabajar en tu auto sin un consentimiento oral. Llama o visita el sitio web del Department of Consumer Affairs (Departamento de Asuntos del Consumidor) y busca más información.

▶ Si sospechas que estás tratando con un mecánico sospechoso, llama al 1-877-FTC-HELP y haz que la Federal Trade Commission (Comisión Federal de Comercio) te ayude. Trabaja con los consumidores para prevenir el fraude y las prácticas de negocios engañosas e injustas, al mismo tiempo que provee información útil sobre un punto.

▶ Encuentra un nuevo mecánico. Visita Cartalk.com y Mechanics-nearyou.com. Estos dos sitios ayudan a los consumidores a encontrar mecánicos locales confiables.

Consejo: Cuando sea posible, asegúrate de que tu mecánico haya sido certificado por el ASE (el instituto nacional de servicio excelente de automotores). Para más información, diríjase a www.asecert.org.

Cómo botarlo

TOMA LA RUTA MÁS ALTA

Bota a tu mecánico escribiéndole una carta o llamándolo y hablando con él en persona, o siempre puedes dejarle un mensaje en su máquina.

LO QUE PUEDES DECIR: *"Hola, soy (inserta tu nombre). Quiero agradecerte por todos estos años de servicio. Estoy llamando para comunicarte que sentía que era el momento para un cambio, de modo que decidí llevar mi auto a un nuevo taller (más cerca de mi casa). Gracias nuevamente por todo".*

HAZLO TÚ MISMO

¿Interesada en ahorrar dinero? Aprende cómo ser tu propio mecánico, y bota a tu viejo mecánico haciéndole saber que vas a hacer tu propio trabajo desde hoy en adelante. Puedes ahorrar miles de dólares aprendiendo los controles básicos del automóvil. Y la mejor parte es que mucho de ese trabajo es realmente fácil. Visita la sección de reparación de autos de About.com. Ofrece una sección de reparaciones que puedes hacer tú misma, en la que puedes aprender a arreglar los problemas más simples al mismo tiempo que recibes instrucciones de cómo manejar las tareas más avanzadas. También tienen un experto en reparación del auto, a quien puedes contactar a través de correo electrónico en autorepair.guide@about.com. Otro sitio para consultar artículos interesantes y consejo personalizado sobre el automóvil es www.askamechanic.info.

ESPECIALISTA

Bota a tu mecánico informándole que vas a ir a otro que se especializa en tu tipo de auto.

Si fuera necesario

RUEDAS NUEVAS

Dile a tu mecánico que te has comprado un auto nuevísimo y que tiene la más sorprendente de las garantías. ¡Incluye todo!

QUIERO ANDAR EN MI BICICLETA

¿Quién necesita un auto cuando puedes andar en bicicleta? Dile a tu mecánico que te sacaste de encima tu auto y has decidido confiar en tu bicicleta para transporte. También puedes usar taxis, limusinas o viajes compartidos como alternativa.

Billy Stabile

PROPIETARIO DE STABILE AUTOMOTIVE EN LOS ÁNGELES

Billy ha provisto autos por más de veinte años para películas y programas televisivos, que incluyen The 40-Year Old Virgin, Evan Almighty *y* Happy Days. *También es mi mecánico.*

P. *¿Cómo sabes cuándo es el momento de ponerle el freno a tu mecánico?*

R. Cuando te deja notas de amor en la guantera.

P. *¿Cómo botas a tu mecánico?*

R. Intimidación. Dile que estás yendo a clases nocturnas y que ahora sabes todo.

P. *¿Qué debería hacer alguien si piensa que su mecánico le está cobrando demasiado?*

R. Decirle que estuviste llamando a otros mecánicos y encontraste que sus precios eran mucho más altos. Él no tiene por qué saber que la única persona a la que llamaste fue a tu mamá para preguntarle "¿Qué hay para la cena?".

P. *¿Cuál es el error más grande que la gente comete cuando se trata de sus autos?*

R. No le prestan atención a temas de mantenimiento básicos, como manejar el auto sin suficiente aire en los neumáticos o con poco aceite bajo el capó.

P. *¿Cuál es la razón más común por la que la gente viene a ti y que tú sabes que ellos podrían hacer o arreglar por sí mismos?*
R. El líquido para lavar el parabrisas.

P. *En la otra cara de la moneda, ¿cuál es la cosa que la gente piensa que puede hacer o reparar por sí misma pero debería dejársela a su mecánico?*
R. Los frenos. No es algo sobre lo que quieras arriesgarte. Pero de nuevo, entonces, es más dinero para los muchachos de la carrocería del auto.

P. *¿Cuál es el chanchullo más grande al que la gente debería estar atenta cuando se trata de mecánicos?*
R. Los cinturones y las mangueras. Muy rara vez necesitan ser reemplazados, de modo que si tu mecánico insiste en ello, busca una segunda opinión.

P. *¿Qué es lo más importante que una persona debería buscar cuando contrata a un mecánico?*
R. Limpieza, reputación y signo del zodíaco.

P. *¿Cadena o taller privado?*
R. Un taller privado tiene mucho más que perder; es hacerlo o morir para ellos, mientras que un mecánico de una cadena recibirá su cheque al final de la semana, sin importar lo que haya pasado.

P. *¿Por qué tantos mecánicos cuelgan fotos de chicas en sus paredes?*
R. Porque solo podemos tener algunas pocas en nuestras billeteras.

Botalopedia

▶ Enzo Ferrari fue mecánico antes de crear el auto Ferrari.

▶ En una encuesta de Gallup en el año 2007, solo el 25 por ciento de los americanos dijo que pensaban que los mecánicos de auto tenían estándares éticos altos.

▶ Según la AAA, la Federal Trade Commission (Comisión Federal de Comercio) estima que los americanos gastan billones de dólares cada año en reparaciones de autos fraudulentas o innecesarias.

▶ CarTalk.com hizo una encuesta y descubrió que las concesionarias cubren en promedio el 15 por ciento más que los talleres de reparación independientes para hacer el mismo trabajo.

▶ Evangeline Lilly trabajó una vez como mecánico.

▶ Mike Mechanics era una banda inglesa de rock/pop iniciada en 1985 por uno de los miembros fundadores de la banda Genesis, Mike Rutherford. Tal vez sean más conocidos por su tema musical, "All I Need Is A Miracle".

bota a tu autora

Gracias por llegar a este punto. Estoy tan feliz de que no me hayas botado en la mitad del libro; me hubiera sentido terriblemente decepcionada, pero orgullosa al mismo tiempo... si lo hubieras hecho apropiadamente.

Aquí van algunos puntos estratégicos básicos para reforzar tus habilidades. Usaremos el ejemplo de tú botándome a mí como ejercicio final.

1. Escribe la lista de razones por las que quieres botarme.
Poner las cosas por escrito saca a la luz pensamientos y sentimientos latentes. Luego camina por ahí y regresa a tu lista más tarde. Tal vez pensaste que querías botarme, pero en realidad solo necesitabas un poco de tiempo para refrescarte. Por ejemplo, estás escribiendo tu lista de razones para botarme, y de repente tu estómago comienza a dolerte. Furiosamente sigues garabateando, y recuerdas haber sido burlada por una niña en el patio de la escuela cuando eras chiquita, cuyo nombre también era Jodyne. Era tan molesta que tuvieron que cambiarte de escuela.

2. **Adviérteme y tal vez ofrece una sugerencia.** Deja bien en claro que si las cosas no cambian, tendrás que botarme. Podrías decir: "Tuve una mala experiencia cuando era una niña con una chica llamada Jodyne. Se derramaron lágrimas. Se tuvieron rasguños. Dejemos eso ahí. Había una maestra llamada señorita Cindy que me abrazaba cuando yo lloraba. ¿Cambiarías tu nombre por el de señorita Cindy? Si no puedes, tendré que encontrar otra autora para leer".

3. **Si yo no cambio mi nombre, es hora de botarme.** Comienza practicando lo que me dirás. Prueba planearlo por anticipado. Tal vez comienza mirando mi foto en la contratapa de mi libro. Ponlo erguido, apoyándolo contra una almohada y ensaya: "Jodyne, encontré tu consejo ___".

4. **Bótame.** Si es posible, ten la cortesía de botarme en persona. Tu objetivo es permanecer calma o calmo y en control de ti misma/o. Habla clara y directamente mientras envías tu mensaje. Recuerda: menos es más, de modo que esfuérzate para no involucrarte emocionalmente. Comienza con un halago o di algo positivo; un halago es una forma maravillosa de suavizar el golpe. Podrías decir: "Jodyne, me impresionó la cantidad de páginas que tiene tu libro. De todos modos, considero que tu decisión de mantener tu nombre es personalmente ofensiva".

5. **Déjame responder o tener una reacción.** "Desafortunadamente yo no deseo cambiar mi nombre por el de señorita Cindy, porque tengo toda una vida hecha llamándome Jodyne y una carrera con ese nombre. Tú podrías llamarme señorita Jody. ¿Eso funcionaría?".

6. **Mantente firme en tu decisión:** "Aprecio tu buena voluntad para permitirme llamarte señorita Jody, pero desafortunadamente eso no es suficiente. En este punto, me sentiría más

cómoda leyendo el libro de consejos prácticos de otra persona. Buena suerte con cualquier otro libro futuro que puedas escribir. No lo leeré".

¡Lo lograste!. Me botaste. Buen trabajo. Mi tarea aquí ya está hecha.

Finalmente, si no incluí tu ruptura específica en este libro, lo siento. Me hubiera gustado realmente hacerlo. Al menos ahora estás armada con herramientas e información para aplicar cuando sea necesario. Cuando está bien hecho, botar a alguien significa tomar el control de una situación en lugar de dejar que la situación te controle a ti. Felicitaciones por haber dominado con todo éxito el arte de la ruptura. Entonces, ¿qué estás esperando? ¡Sal de ahí y bótalos!

agradecimientos

Gracias, Kimmie Auerbach, por alentarme a escribir la propuesta y por compartir tu agente conmigo, la adorable e increíble Elisabeth Weed en Weed Literary. Como escritora, si tienes suerte, consigues un editor; yo fui lo suficientemente afortunada como para tener dos. Kathy Huck, gracias por elegirme y traerme con la gente de HarperCollins. Y Matthew Benjamin, no eres de ningún modo un padrino desprolijo. Tu humor, fortaleza y habilidad para detenerme cuando fue necesario fueron realmente apreciados.

Con gratitud a mis queridos amigos Kathleen Beaton, Michael Hawley, David Christensen, Natalie Caplan, Ellen Schinderman, Cherryl Hanson, Brad Listi y Rich Ferguson, que nunca se quejaron cuando los obligaba a leer capítulos, y ciertamente los obligaba. Gracias, Bret Shuckis, por ser una animadora tan maravillosa; Nick Smith, por tus cartas formidables; Eric Keyes, por estar allí en el último momento; y a Michelle Boyaner, por mirar las letras conmigo hasta que se nos cruzaban los ojos. A la talentosa artista Julie Bossinger, gracias por tus sorprendentemente graciosas ilustraciones. Cualquier persona que leyera esto debería comprar sus obras de arte en www.JuliesArt.com inmediatamente. Gracias eternas a todos aquellos que gentilmente participaron de los capítulos P&R: Bob Harper, Thomas Mesereau, Aggie Mackenzie, Adam Carolla, Kato Kaelin, Paul-Jean Jouve, Darlene Basch, Bruce Miller, Alexandra Levit, Billy Stabile, Katie Vaughan, Susie Stein, Guy Stilson y Dr. Jason Gonsky.

A mi familia, Phil y Mikie Speyer, Donald y Janice Silverman: no estoy segura si ustedes realmente comprendían lo que estaba escribiendo, pero me amaron y apoyaron de todos modos. Y a mis hermanitas Susan, Laura y Sarah Silverman, gracias por su amor, apoyo y consejo. Y finalmente, a toda la gente que he conocido a lo largo de los años que me ha inspirado a explorar y dominar el arte de botar, gracias. Ojala haya podido enseñar a las generaciones futuras de botadores cómo hacerlo mejor.